NOUVELLES LETTRES

PROVINCIALES,

OU

LETTRES ÉCRITES PAR UN PROVINCIAL

A UN DE SES AMIS,

SUR

LES AFFAIRES DU TEMPS,

PAR L'AUTEUR

DE LA REVUE POLITIQUE DE L'EUROPE

EN 1825.

Principes ægrè ferunt imperii arcana publicari, odioque prosequuntur libros ubi ea pertractantur.

BESOLDUS.

PARIS,

CHEZ LES MARCHANDS DE NOUVEAUTÉS.

Novembre 1825.

NOUVELLES LETTRES PROVINCIALES.

IMPRIMÉ PAR LACHEVARDIERE FILS,
RUE DU COLOMBIER, N. 30, A PARIS.

NOUVELLES LETTRES

PROVINCIALES,

OU

LETTRES ÉCRITES PAR UN PROVINCIAL

A UN DE SES AMIS,

SUR

LES AFFAIRES DU TEMPS,

PAR L'AUTEUR

DE LA REVUE POLITIQUE DE L'EUROPE

EN 1825.

Principes ægrè ferunt imperii arcana publicari, odioque prosequuntur libros ubi ea pertractantur.

BESOLDUS.

PARIS,

CHEZ LES MARCHANDS DE NOUVEAUTÉS.

Novembre 1825.

AVIS.

Les *Nouvelles lettres provinciales* sont des lettres politiques et morales. Le titre du livre de Pascal n'obligeait pas l'auteur à traiter la même matière. Il suffit, pour que ce titre soit applicable, que les lettres soient écrites à un provincial.

NOUVELLES LETTRES
PROVINCIALES.

Principes ægrè ferunt imperii arcana publicari, odioque prosequuntur libros ubi ea pertractantur. BESOLDUS.

LETTRE I.

De Paris, janvier 1824.

MONSIEUR,

Nous étions, vous et moi, bien ignorants des choses. Vous pensiez avoir acquis, par une vie pleine de sagesse et de vertu, les qualités qui font l'homme d'honneur et le bon citoyen : vous étiez bien loin de les connaître. Cette ignorance, il est vrai, est bien excusable dans un temps où les notions du juste et de l'injuste sont tellement brouillées que je n'aurais pu moi-même en faire la distinction, si je n'eusse fait un nouveau cours de morale politique dans les salons des royalistes. J'avais d'abord voulu me guider par cette morale universelle qui règle les devoirs de l'honnête homme et du citoyen; mais j'ai été averti que c'était le moyen le plus sûr de m'égarer. La secte royaliste qui domine et gouverne en ce moment a un code particulier et plus parfait : c'est elle qui a la connaissance du bien et du mal; c'est elle qui enseigne ce qui est permis et défendu : dans son sein tout est vertu; hors de son sein tout est crime. Cette secte, il est vrai, est à peine un fragment de la société; et si vous me demandez de qui elle a reçu sa mission, si c'est de l'église, ou de la cour, ou du peuple, ce que j'en puis assurer, c'est que ce n'est point du peuple. Quoi qu'il en soit, de même que le collége des prêtres égyptiens, cette secte paraît être dépositaire et interprète de la loi, dont elle seule a l'intelligence et le secret.

Comme je suis ici au centre de toutes choses, et que vous êtes à la circonférence la plus éloignée, j'ai reçu la lumière avant vous, et vous la recevrez de moi. Je suis bien loin cependant d'avoir acquis toute l'instruction que vous me supposez, quand vous m'invitez à vous dire mon avis sur les affaires du temps et sur les hommes qui font la destinée des choses. Je ne suis encore qu'à l'entrée de la science, mais enfin j'en ai la clef, et j'y suis conduit comme par la main.

Je vous dirai une autre fois par quelle rencontre heureuse je pourrai m'initier et vous initier vous-même dans le secret de tant de matières subtiles et délicates. Je ne veux aujourd'hui, monsieur, que vous avertir des erreurs où nous étions tombés. Mes idées étant redressées, je me trouve en état de rectifier les vôtres, et de vous enseigner les principes mystérieux et les sentiments obligés qui donnent l'admission dans la congrégation politique qui dispose en ce moment des réputations, des honneurs et des grâces.

Le nom de royaliste est aujourd'hui d'une définition très difficile. Ce que j'en ai le mieux compris, c'est que le roi n'y est pour rien, ou n'y est que pour peu de chose. Le dévouement à sa personne, les dangers courus pour sa cause, la résistance aux gouvernements révolutionnaires, tout cela ne constitue pas le royaliste de l'époque présente. Vous en avez la preuve en plusieurs grands personnages à qui ces titres n'ont pas suffi. M. de Richelieu en avait bien d'autres, et il est mort en réputation de libéral. Le roi lui-même a eu long-temps cette réputation; mais depuis l'avènement des derniers ministres, on est convenu de dire que le roi est royaliste.

Vous pensiez encore qu'on devait honorer la qualité de royaliste par des sentiments nobles et généreux, et la justifier et l'orner par des vertus. Je l'avais pensé comme vous; mais prenons-en à notre aise, monsieur; la secte royaliste n'est pas si exigeante, elle ne veut pas rendre le royalisme impraticable: nous vivons dans un temps plus commode. On ne demande point de vertus aux hommes ; on ne leur demande que des opinions. S'associer en aveugle au parti dominant; s'engager dans ses vues; se marier à ses passions, sans tenir compte des moyens dignes ou indignes pour les servir, telles sont les conditions qui donnent la qualité. A ces conditions, le chemin de la fortune et des honneurs est ouvert; les faveurs ministérielles tombent comme une rosée; les mains avares deviennent prodigues; enfin, monsieur, c'est à ces conditions qu'on obtient l'estime et l'amour d'un ministère qui ne fait aucun cas de l'homme honorable, et qui ne recherche que l'homme utile. Vous pouvez vous en convaincre par les exemples que l'on multiplie sous vos yeux. Vous voyez dans toutes les provinces des hommes justement diffamés, qui dans le cours de la révolution ont outragé les rois, blasphémé la

Divinité, persécuté et dépouillé leurs concitoyens; et ces mêmes hommes sont aujourd'hui les meilleurs instruments de la politique régnante; ils en sont les premiers ressorts. Un pacte a été fait entre les anciennes et les nouvelles iniquités : les infâmes de ce temps-là sont les vertueux d'aujourd'hui; et par la vertu de ces favoris vous pouvez juger de celle des maîtres. Ainsi, la société est en contradiction ouverte avec son gouvernement : ce qu'il proscrit et rejette, elle l'accueille et l'estime; ce qu'elle dédaigne et repousse, il l'emploie et l'honore.

Cette politique n'est point d'invention nouvelle : vous la trouveriez dans les cahiers de l'inquisition. Vous ne savez peut-être pas, monsieur, quelle espèce d'hommes l'inquisition armait autrefois contre la société : c'était de misérables condamnés à qui on faisait grâce, et qui, pour prix de leur grâce, s'obligeaient à servir par les moyens les plus infâmes les fureurs et les vengeances des plus redoutables fanatiques.

Ainsi, monsieur, si on accusait les royalistes d'inventer, ils pourraient prouver qu'ils ne font qu'imiter. C'est un grand avantage dans les affaires publiques de pouvoir s'appuyer d'exemples, car les exemples font loi. Les premiers auteurs de crimes politiques peuvent avoir passé pour criminels, mais jamais leurs imitateurs; les premières guerres de religion furent odieuses, les autres furent appelées saintes.

Ceci m'amène à vous parler de la religion. C'est un mot bien puissant en ce moment, et c'est ici qu'il faut vous attacher au mot. En effet, il n'est pas indispensable que vous ayez la religion dans le cœur, mais il est absolument nécessaire que vous l'ayez sur le front. Le zèle fervent intérieur importe peu ; mais ce qui importe beaucoup, c'est le zèle ardent extérieur : car le zèle intérieur n'est que pour vous, et le zèle extérieur est pour la secte. Vous pouvez donc laisser l'esprit, pourvu que vous preniez le masque. Cette règle de conduite nous a été tracée par *une lumière de l'église*, lorsque le gouvernement de l'université passa dans les mains de cet apôtre. Dans son discours de début, où le prêtre est plus visible que le grand-maître, s'adressant aux professeurs de tous les colléges, il leur dit sans détour que *ceux qui n'ont point de religion seront du moins obligés d'en prendre les dehors.* J'ai saisi cela comme un flambeau. Vous feriez bien, monsieur, de rechercher ce discours, où règne tout le vide et le ton d'une *conférence.*

Mais il faut d'abord ne point perdre de vue qu'il y a deux morales : une qui ne convient qu'à la vertu, l'autre qui s'accommode aux passions des hommes. Cette dernière est une découverte des temps modernes; les anciens n'en ont pas eu l'idée : elle a été reconnue par les jésuites, qui en ont éclairci les principes, et en ont fait un code à l'usage des cours et des gens du monde. C'est là, monsieur, que nous apprenons que toutes les vertus peuvent être réduites aux apparences, et que même les vices et les crimes peuvent leur emprunter leurs noms. Cette morale, que l'on croyait perdue, est rétablie; elle est exhumée avec ses auteurs. Vous avez cru les jésuites frappés de mort : ce n'était qu'un sommeil; ils accomplissent par leur résurrection ce qu'a dit celui dont ils prennent le nom, que *ceux qui lui ap-*

partiennent ne mourront pas. Je vous conseille de recourir aux écrits de ces révérends pères. Leurs livres sont devenus rares, mais on ne peut tarder à les réimprimer, pour l'enseignement public. Ils vous donneront l'intelligence de ce qui vous semble inexplicable. Pénétrez-vous de leur doctrine, puisqu'elle est enfin retrouvée, comme les livres de la loi après la captivité de Babylone.

Vous conclurez de tout ce que je vous dis, monsieur, qu'il ne faut prendre l'embarras d'aucune vertu, mais qu'il faut soigneusement en conserver les noms. Les mots ont une force qui leur est propre; ils sont les déguisements des passions, qui ne doivent jamais paraître sous leurs noms véritables: et en effet, comment annoncerait-on les indignités d'un prêtre, sans le nom de religion, et les iniquités d'un ministre, sans le nom de bien public. Laissons donc l'honneur et la vertu, dont on ne tient nul compte. D'ailleurs, dit Montesquieu, *la vertu n'est pas le ressort des gouvernements monarchiques*, et vous avez des ministres qui trouvent en eux-mêmes la vérité de cette maxime. Il n'y a en ce moment qu'une chose importante et grave, c'est l'opinion : je ne vous parle point de l'opinion constitutionnelle, qui est tenue pour infâme, mais de l'opinion royaliste, où il y a schisme ; car il y a deux manières d'être royaliste, ou selon les maximes de Bossuet, ou selon les maximes de Fénélon. Pour vous en donner le sens, Bossuet a voté pour le pouvoir absolu, et Fénélon pour le pouvoir tempéré; mais sur cela je dois vous prévenir que Fénélon est exclus de la société des royalistes purs, et que dans les colléges les prêtres ont défendu la lecture de ses œuvres.

Voyez donc, monsieur, sous quelle bannière vous voulez vous placer. Embrassez une opinion : les ministres ne s'inquiètent pas d'autre chose ; et s'ils le pouvaient, ils ôteraient la qualité de citoyen à ceux qui n'ont pas la leur.

J'espère que vous me communiquerez vos réflexions ; vous pouvez compter sur mon zèle à vous envoyer les miennes.

Je suis, monsieur, etc., etc.

LETTRE II.

De Paris, février 1824.

Monsieur,

Il paraît, par la réponse que vous m'avez faite, que ma première lettre a dérangé les idées d'honneur, de justice et de loyauté qui ont jusqu'ici réglé votre conduite et votre vie. L'indignation a écrit votre lettre, votre âme est remuée. Vous vous étonnez qu'on ait l'impudence de mettre les mots à la place des choses, et la bassesse de tromper les hommes. Vous voilà prêt à attaquer le ministère, et à lui demander raison de l'opposition de sa conduite et de son langage. Tempérez, monsieur, cette chaleur de sentiments. Cette vertu n'est plus d'usage. Prenez la facilité du siècle. Dépouillez cette rudesse de l'honnête homme. Nos mœurs n'ont plus d'aspérité. Ces déclarations si brillantes et si bruyantes de bonne foi, d'équité, de désintéressement, d'amour du bien public, ne sont qu'un ornement de l'éloquence parlementaire; c'est un bruit de tribune. C'est un levier dans les mains d'un député qui veut s'emparer du ministère; mais dans les mains du député devenu ministre, ce n'est plus qu'un hochet. Après la conquête du pouvoir, on relègue dans les écoles ce langage imposteur, et on fait fléchir cette morale d'étiquette devant l'intrigue et les caprices. Au temps de M. de Richelieu, les paroles avaient du poids : aujourd'hui, elles n'ont que du son. Les vertus politiques sont ensevelies dans sa tombe; et croyez que vos ministres les y laisseront en paix. Il n'y a pas long-temps, monsieur, qu'un homme considérable par ses vertus, son mérite et son rang, indigné comme vous de la perfidie ministérielle, dit ces mots à un ministre : *Vous nous aviez dit que sous votre ministère on ne verrait que la bonne foi, la justice et la vérité.* Le ministre, se moquant et souriant, répondit : *N'est-ce point là le langage de tous les charlatans?* Je ne sais pas ce qu'il y a de plaisant dans cette réponse, mais je sens bien tout ce qu'il y a d'odieux.

Vous dirai-je, monsieur, que votre mauvaise humeur m'a semblé aussi provenir d'un amour-propre mécontent? Avouez-le, dût-il vous en coûter quelque honte, vous aviez cru que ces ministres étaient par leur mérite les plus grands personnages de France. Je pourrais vous en faire une guerre de raillerie, mais je suis plus généreux. J'ai aussi habité la province. Je sais comme on s'y monte la tête. Les objets n'y sont aperçus qu'à travers un prisme. Les moindres hommes y paraissent grands. On ne voit pas d'abord que c'est le piédestal qui est élevé. Vous avez fait cette fois partie de ce vulgaire qui prend toujours une grande fortune pour un grand mérite, et qui se plaît à croire que les premiers rangs sont remplis par les premiers hommes. Mais être élevé n'est pas être grand. L'arbuste aussi paraît arbre sur une montagne.

Mais je veux moi-même vous trouver des excuses. L'astuce du ministère, pendant quelques mois, a passé pour habileté; et vous remarquerez ici, monsieur, le bonheur et l'avantage de la ruse, qui est la force des faibles. Tromper, c'est être habile, dans l'opinion des hommes. C'est ce qui vous explique comment la politique italienne a été autrefois si célèbre. Cette politique rusée est aujourd'hui méprisable. Elle est reléguée dans les petites cours. Que direz-vous de ceux qui l'introduisent dans un grand royaume ? Où il n'y a que de la finesse, il ne peut y avoir de grandeur d'âme ; et c'est pourtant cette grandeur d'âme qui jette de l'éclat sur les peuples et sur les rois. Sans elle, les peuples ne sont que des masses, et les rois ne sont que des chefs. Sans elle, un grand royaume n'est qu'un vaste terrain. . . .

Je trouve ici la place d'un trait qui mérite d'être historique, et qui est fort convenable à ce sujet : Louis XV présidant un jour son conseil, les objets en délibération y furent traités avec une politique étroite et indigne d'un roi de France. Le seul duc de Choiseul gardait le silence. Le roi l'invita à donner son avis : *Il me semble, sire,* dit le noble duc, *que j'assiste ici au conseil du duc de Modène.* Louis XV avait de l'élévation dans les idées ; il n'en fallut pas davantage pour le rappeler à une politique plus haute et plus digne d'un grand empire. Ne vous semble-t-il pas, monsieur, que vos ministres ont été choisis dans les états de Modène?

Mais si vous avez été abusé sur les hautes destinées du ministère, votre erreur n'a pas dû être longue, car si vous avez suivi attentivement la dernière session, vous avez dû remarquer le vide et la pâleur de l'éloquence ministérielle. Ce ministère, tout à la fois de France et de Russie, placé entre la guerre et la paix, parlant pour la guerre qu'il craignait, et contre la paix qu'il souhaitait, n'a fait aucune impression. Il n'y a point d'éloquence sans conviction; la sienne a eu toute la faiblesse de sa volonté. Ce fut le jour d'échec de sa réputation. Un de ces ministres, le plus cruel ennemi des institutions généreuses, a pensé que contre la liberté des peuples le glaive vaut mieux que la parole. Il a renfermé toute son éloquence dans le seul mot *deleatur*, ce cri barbare de la jalousie romaine. Les autres, sans gloire parlementaire, n'ont pu soutenir le moindre choc de la redoutable opposition. Heureusement, M. de Châteaubriand, apparaissant comme un météore au milieu de la session, est venu rendre la vie à ce corps languissant, et jetant son manteau sur les plaies faites à ses collègues, répandant des couleurs brillantes sur la mystérieuse croisade d'Espagne, il sembla lui-même un guerrier partant pour cette contrée de la chevalerie.

Je conviens qu'il fallait des hommes plus qu'ordinaires pour soutenir cette grande lutte de génie qui a rendu cette session si mémorable, et qui sera la gloire de l'éloquence tribunitienne. Jamais elle ne fut portée plus haut. Les plus beaux talents y ont paru dans le plus grand éclat. Le ministère aurait cent fois succombé sous cette fulminante artillerie du forum, si, dans une assemblée où les voix comptent et ne pèsent pas, la raison et le génie n'eussent dû céder à la puissance numérique.

Vous le savez, monsieur, c'est dans cette puissance du nombre que résident toutes les prospérités ministérielles. Aussi, pour l'obtenir, n'y a-t-il point de voie injuste et honteuse où le ministère ait refusé d'entrer. Il a d'abord placé un glaive menaçant sur la conscience de tous les fonctionnaires dont il dispose; et, se ressouvenant de ce terrible mot des guerres civiles, *Meurs* ou *tue*, il a dit à ses agents, *Vote* ou *meurs*. Il a changé les préfectures administratives en préfectures de police, appelant à son aide tous les hommes connus par leur esprit d'intrigue et de persécution, et mettant dans leurs mains l'arme invisible et empoisonnée de la délation. Il a frappé de terreur ses préfets obéissants, et, sans s'arrêter à la perte inévitable de leur dignité, il les a chargés du principal rôle de ces scènes honteuses; enfin, usant de toutes les violences pour accroître le nombre de ses disciples, il a mis sur la bannière royale le *compelle intrare* des livres saints, qui n'est pas plus propre à faire des royalistes que des chrétiens.

Vous savez, monsieur, comme ces choses se sont passées dans votre département. Vous avez vu mouvoir tous ces ressorts de la basse politique. Vous avez vu placer en sentinelle le malhonnête homme auprès de l'homme de bien, l'homme vendu auprès de l'homme libre, le furieux auprès du sage, le délateur auprès du fonctionnaire. On a développé sous vos yeux cet art politique qui consiste à armer les hommes contre les hommes, et la société contre elle-même. Vous m'en avez témoigné votre étonnement et votre douleur, à l'époque effervescente de vos élections. C'est de cette époque, je crois, que date votre première froideur pour un gouvernement en qui vous aviez mis d'autres espérances.

Ce n'est plus moi, monsieur, qui vous parlerai dorénavant des affaires publiques et de ceux qui les conduisent. De plus habiles vous feront connaître les secrets et les vues du gouvernement; me voici au bout de ma science politique. C'est même à regret que je vous ai parlé des ministres, car je n'aime point à peser sur des hommes qui ne sont point destinés à être des personnages historiques, et dont les noms justement obscurs, ne se rattachant à aucun bienfait national, ni à aucun évènement noble, ne doivent entrer ni dans la mémoire ni dans le cœur des hommes.

Si vous lisez ma lettre avec attention, monsieur, vous la trouverez plus grave à sa fin qu'à son commencement. Il faut peu vous étonner de ce changement de ton. Cela vient de ce que les objets bizarres et sérieux dont nous nous occupons ont un côté ridicule et un côté affligeant.

N'oubliez pas, je vous prie, que vous avez à vous décider entre Bossuet et Fénélon, l'un si cher aux rois, l'autre si cher aux peuples. Cela n'a pas moins d'importance qu'autrefois à Rome entre César et Pompée. Il y a quelques mois, monsieur, j'ai vu le moment où la France aurait été obligée de se prononcer entre deux ministres régnants. Vous direz que j'ai l'art des rapprochements heureux.

Je vais avoir recours, pour la suite de votre instruction, aux personnages qui m'instruiront moi-même. Je vous les désignerai dans ma prochaine lettre.

Je suis, monsieur, etc., etc.

LETTRE III.

Paris, mars 1824.

Monsieur,

J'ai piqué votre curiosité. Il vous tarde de savoir à qui je devrai les instructions que je vais recueillir et vous transmettre. J'en ai déjà de nouvelles; mais avant de vous en faire part, je consens à vous dire de qui je les reçois.

Vous saurez donc que j'ai, dans ma vie intime et privée, un bonheur devenu bien rare: j'ai de fort bons amis parmi les royalistes et parmi les libéraux. Vraiment, monsieur, je ne le puis dire qu'à vous; car si cela était connu dans le monde, vous ne pourriez compter les excommunications dont je serais frappé. Les libéraux ne trouveraient pas mauvais que j'eusse des amis royalistes, mais les royalistes ne me pardonneraient pas d'avoir des amis libéraux. Vous n'ignorez pas que l'intolérance est une vertu chez les uns, comme la tolérance chez les autres. J'ai soin de les voir séparément; je vais plutôt chez eux qu'ils ne viennent chez moi, pour éviter le danger des rencontres. Quoi qu'il en soit, je suis l'ami, et l'ami très sincère, des uns et des autres. Je ne les mettrai jamais en opposition ni en compromis; je respecte leur opinion, et je tâche de former la mienne de tout ce qu'il y a de bon dans la leur. Si j'avais vécu au temps de la ligue, j'aurais été certainement l'ami du chancelier de L'Hospital protestant dans le cœur, et du cardinal Menechini[1] bon catholique; car tous deux étaient des hommes doux, sages, éclairés, et ennemis de toute violence.

Dans ce nombre d'amis, je me trouve plus particulièrement lié avec un royaliste qui a le secret de sa secte, et avec un libéral qui a le secret de la sienne. Voilà les deux fils qui me conduisent dans le labyrinthe obscur des affaires du temps.

J'allai rendre visite hier à mon ami le royaliste, et, après les commencements d'une conversation affectueuse qui amenait naturellement la confiance, je le priai de me dire

[1] Le cardinal Menechini, légat du pape à la cour de France, fut rappelé à Rome, et fort maltraité de sa cour, pour avoir voulu s'opposer au massacre de la Saint-Barthélemy.

ouvertement à quelle fin son parti prétendait arriver, et quel était le mot de l'énigme.

Avec vous, me dit-il, je n'en ferai point mystère. Nous voulons l'ancien régime; mais l'ancien régime épuré, c'est-à-dire dégagé de tout ce qu'il y avait déjà de libéral, et resserré par des entraves nouvelles qui le rendront inébranlable.

Je vous entends, lui dis-je; je vois que la France serait bien heureuse d'en être quitte pour l'ancien régime, tel qu'il était. Voilà certes une grande entreprise.

Elle est déjà bien avancée, reprit-il; nos espérances sont bien voisines de la certitude. Tous les moyens sont dans nos mains; tous les hommes puissants sont à nous; le clergé, la noblesse, les jésuites, la cour, le ministère, tout travaille à ce grand œuvre; tout est conjuré contre les prétentions du peuple.

Je sais bien, dis-je, que les jésuites, la cour, le clergé, la noblesse, mettent tous leurs bras à cet édifice; mais pensez-vous que le ministère entre tout-à-fait et sincèrement dans cette étonnante conjuration ?

D'où venez-vous ? me dit-il vivement; est-ce que vous en doutez ? Pouvez-vous faire une pareille question, vous qui voyez les choses de si près!

Je lui dis à mon tour : Mais, en ce cas, pourquoi outragez-vous le premier ministre, et voulez-vous le renverser ? Cela implique contradiction.

Ceci demande une explication, reprit-il, et je vais vous la donner. Gardez-vous bien de nous accuser d'ingratitude envers ce ministre. Nous lui avons des obligations infinies; c'est par lui que nous sommes arrivés au point où nous sommes, c'est lui qui a rétabli le pouvoir sur le *fas* et le *nefas*. C'est par lui que les élections sont devenues un jeu facile et sûr, et que la loi est étouffée sous le mode; c'est lui qui a présenté la tête de Méduse aux fonctionnaires votants. Il abat les préfets qui nous déplaisent; il nomme ceux que nous choisissons : il ne s'inquiète point s'ils conviennent à l'administration; mais bien s'ils nous conviennent. Toutes ses préférences sont pour la noblesse, le clergé, les émigrés, les courtisans et les courtisanes.

Eh bien, lui dis-je, que voulez-vous de plus? que faut-il donc pour vous contenter?

Laissez-moi achever, reprit-il; vous voyez que nous ne lui refusons pas ce qui lui est dû : mais, d'un autre côté, ce ministre n'a point d'élan; il n'a ni le génie d'un plan, ni la force de son exécution. Il a l'esprit inquiet, incertain; il craint, il n'ose, il perd un temps précieux; en un mot, il est notre ami, et il nous nuit comme un ennemi. Quand il faut engager le combat, au lieu d'attaquer en lion, il attaque en renard. Il aime les détours, les lenteurs, les longs siéges, et nous voulons un assaut général et prompt.

Bien, lui dis-je; je vois que vous ne différez que dans les moyens : le but est le même, mais les chemins sont ou plus longs ou plus courts. Il se peut cependant que ce ministre ait raison; il n'est pas si peu instruit, qu'il ne connaisse le fameux *cunctando restituit rem*.

Eh quoi! reprit-il avec impatience, n'avons-nous pas la force? qu'est-il besoin de la ruse?

Mais, dis-je, le triomphe de la politique est d'unir la force à la ruse. Il veut coudre la peau du renard à la peau du lion. C'était la maxime de Louis XI, qui eût été charmé d'avoir un tel ministre. Non, continuai-je, vous n'êtes point assez reconnaissant; vous ne rendez point justice entière à ce ministre. Voyez pourtant combien d'importants succès il a obtenus par cette politique mazarine. C'est à lui que vous devez tout. Il vous a faits ce que vous êtes; il vous a tirés du néant où vous paraissiez condamnés, et dont vous ne seriez pas sortis sans son génie cauteleux. Il a si bien fasciné les yeux des libéraux, qu'il les a liés à sa cause et à la vôtre contre le ministère Richelieu, et qu'il a employé leurs propres mains à dresser le petit trône où il est assis aujourd'hui, et où vous êtes à ses côtés. Les libéraux pourtant sont bien fins, mais beaucoup moins que lui; et qu'ils ne disent pas que le succès de ce grand évènement parlementaire n'est dû qu'à son hypocrisie ; il n'y a pas de moyens injustes après le succès. Ce sont les évènements qui donnent le nom aux choses, comme disait l'amiral de Châtillon.

Il faut en convenir, s'écrie avec joie mon ami le royaliste, c'est la plus belle victoire politique qui jamais ait été remportée. Elle était aussi décisive que la victoire de Waterloo, et on aurait pu dès le lendemain changer toute la face de la France, comme a été changée celle de l'Europe.

Mais pensez-vous, dis-je, que le ministère n'aurait pas trouvé quelque obstacle dans la volonté du roi, qui se trouvait alors lié par des engagements solennels et par des serments répétés qui l'attachaient à la charte ? A cela il ne répondit rien ; puis, revenant sur ses pas, Au reste, ajouta-t-il, le ministère nous embarrasse, mais il ne nous inquiète pas. Il est dans la dépendance de ceux qui l'ont créé, et dans un tel état de servitude et d'obéissance, qu'il n'oserait nommer un sous-préfet sans l'agrément de nos chefs. Nous venons de vous le prouver dans une grande circonstance. Ces timides conjurés reculaient devant la guerre d'Espagne; nous les avons forcés à la faire. Nous les avons armés de notre courage, et ils sont devenus des héros, malgré eux.

Je l'arrêtai là, et lui dis : Voilà un projet vaste, bien conçu, et plein d'avenir ; c'est le plus beau trait de génie des royalistes : leur gloire doit prendre date de cette grande époque. Que de grâces vous avez à rendre à M. de Montmorency, le plus digne des ambassadeurs auprès d'une sainte alliance, qui a si bien démontré que le droit est du côté de la force, et qui, chargé des intérêts secrets des Tuileries et du Vatican, a salué le congrès des rois avec ces paroles de Jésus-Christ : *Je ne suis point venu pour apporter la paix, mais le glaive.* Combien vos destinées se sont agrandies depuis cette guerre d'Espagne! A ces mots, prenant l'air mystérieux: C'est, me dit-il, la guerre la plus féconde en résultats politiques. L'Église ne vous a-t-elle pas dit que c'était une *guerre sainte*; il y a tout un monde dans ce seul mot. Je vous dirai plus tard tout ce qu'elle contient d'espérances.

Je ne voulus point le presser, malgré ma vive curiosité; je laisserai mûrir cette révélation; mais pour découvrir quelque peu sa pensée, je rattachai adroitement l'histoire de nos guerres civiles à celle de la guerre d'Espagne, espérant qu'il ferait quelques rapprochements instructifs.

Notre première guerre civile, me dit-il, fut très heureuse; elle se termina par le massacre de la Saint-Barthélemy, qui délivra tout d'un coup les catholiques de leurs ennemis. Il n'y a que les morts qui ne reviennent point. Ce fut, il est vrai, une horrible et épouvantable boucherie, et l'on pouvait dire de cette tuerie ce qu'on a dit d'un ancien massacre, qu'en certains lieux les bourreaux et les victimes étaient si pressés, que les bourreaux n'avaient point de place pour frapper, ni les victimes pour tomber.

Cela est effroyable, dis-je en l'interrompant; mais enfin ce fut une *rigueur salutaire*[1].

L'extermination d'Espagne, continua-t-il,

[1] Expression des royalistes.

est aussi une *rigueur salutaire;* ce sont des malheurs attachés à de grandes causes, et qui sont justifiés par leur but. Vous savez la maxime ancienne si fort en usage dans les temps modernes : il n'y a point de moyens injustes pour une fin juste ; et s'échauffant de plus en plus, Croyez-vous, si la Saint-Barthélemy n'eût pas été une action nécessaire, agréable et sainte, que le pape Pie V eût fait sonner toutes les cloches de Rome, et chanter des *Te Deum* en actions de grâces de cette fameuse journée ? Or, si vous avez lu M. de Maistre, vous devez avoir appris que le pape ne peut failllir, et que toutes les volontés des peuples et des rois doivent se taire devant la sienne.

Je le savais, dis-je, et je l'ai lu dans le catéchisme de M. de Maistre ; je l'ai lu aussi dans les pieux ouvrages de M. de la Mennais, qui n'accusera pas les ligueurs *d'indifférence en matière de religion.* Je ne doute pas, ajoutai-je, que les vrais chrétiens qui ont conseillé et exécuté la Saint-Barthélemy, s'ils vivaient de notre temps, ne fussent des royalistes purs.

N'en doutez pas, dit-il avec chaleur : c'est le zèle aveugle qui nous distingue ; c'est ce zèle que Dieu et le roi commandent. Les libéraux, poursuivit-il, sont aussi criminels et non moins odieux que les protestants, et les royalistes ne devraient pas être plus indulgents que les ligueurs. Nos prêtres et nos journaux n'ont que trop raison de dire que l'indulgence est la peste des états, qu'elle doit être un attribut de Dieu, et non une vertu humaine.

Je lui demandai s'il ne faisait aucune distinction entre les libéraux, et s'il ne croyait pas qu'ils fussent plus ou moins éloignés des royalistes.

Au grand jour de la Saint-Barthélemy, répondit-il, examinait-on si les protestants étaient plus ou moins rapprochés des catholiques? Croyez-vous qu'en Espagne on s'amuse à ces différences? Dans les guerres civiles, le nom fait le crime.

Je lui fis observer que les temps, les circonstances et les situations étaient bien loin d'être comparables; qu'au temps des guerres civiles, la moitié de la France seulement était protestante, et qu'aujourd'hui les libéraux composent au moins les dix-neuf vingtièmes de la France; que cette énorme différence dans le nombre pouvait en produire une immense dans les évènements.

Il ne faut jamais compter la canaille, me répondit-il. J'avais oublié de vous dire, monsieur, que mon ami le royaliste est gentilhomme.

Ici nous fûmes interrompus. On vint le chercher pour un comité secret. Il me dit, en me quittant, Revenez, nous avons beaucoup à causer. Je vous apprendrai des choses que vous ne pouvez savoir que de moi, et qu'il n'est pas bon que tout le monde sache. Je vous quitte pour les affaires de l'état, car c'est dans nos comités que nous les réglons, où de là elles sont portées au ministère. Adieu; j'espère que vous serez des nôtres. Je l'assurai que je serais très fidèlement son ami. Je revins chez moi pour vous écrire. Demain, monsieur, j'irai faire visite à mon ami le libéral, et je ne manquerai pas de vous faire part de ce qu'il y aura de plus remarquable dans cet autre entretien.

Je suis, monsieur, etc., etc.

LETTRE IV.

De Paris, avril 1824.

Monsieur,

Comme je vous l'ai dit, je n'ai point perdu de temps, et j'allai voir mon ami le libéral. Je le trouvai ayant devant lui les journaux de l'opposition. Il était sérieux et rêveur, et semblait sortir d'une grande méditation. J'aime à surprendre les hommes dans le travail de la pensée, parceque c'est le moment de saisir toutes les lumières qui en jaillissent.

Ne puis-je savoir, lui dis-je, quel est l'objet de vos profondes réflexions, et ma présence ne vient-elle pas rompre la chaîne de vos idées ?

Non, dit-il; je suis charmé de vous voir et de vous les communiquer. J'étudie le présent pour apprendre l'avenir. Je calcule, dans le silence du cabinet, les progrès qu'ont faits depuis deux ans, en France, l'esprit de servitude et l'esprit de liberté. Dans la classe servile et dans la classe libre, ces progrès sont immenses des deux parts. La classe servile se compose de tous ceux qui n'ont pas honte de préférer la protection des hommes à la protection des lois; la classe libre se compose de ceux qui sont humiliés de s'abaisser devant des hommes, et qui ne veulent fléchir le genou que devant la justice et les lois. L'esprit d'esclavage a sa source à la cour, qui est le foyer de tous les sentiments serviles, et l'assemblage des cœurs dégradés qui, pour des faveurs et des richesses, ont vendu la dignité de l'homme. Mais cet esprit d'avilissement ne règne d'une manière remarquable que dans la haute classe de la société; l'esprit de liberté et d'indépendance est partout ailleurs. Le caractère de la société doit être étudié avec attention. Il y a des différences notables. Autrefois, par exemple, la haute classe s'humiliait à la cour, et les autres s'humiliaient devant elle : aujourd'hui elle se dégrade toute seule; les autres classes, non seulement ne s'avilissent plus devant elle, mais elles méprisent tout ce qui s'avilit. C'est un trait physionomique de la société actuelle qui ne doit point nous échapper, et qui nous prouve ce que je vous disais, que l'esprit de servitude ne se trouve que dans la moindre partie de la nation, et que l'esprit de liberté est répandu dans les masses.

Depuis deux ans, cet esprit s'est propagé précisément par les efforts que l'on a faits pour le détruire. La régence d'Espagne a fait plus de constitutionnels que la constitution; le ministère français a fait plus de libéraux que la charte: c'est l'inévitable effet de la violence, qui produit toujours le contraire de ce qu'elle se propose. Ainsi, en examinant la marche des choses, il est visible qu'elles ont une tendance contraire au but où on les pousse; et quand vous êtes entré, je me demandais si le torrent de la révolution n'engloutira pas ceux qui veulent l'arrêter, au lieu de lui creuser un lit.

Cela serait fort sensé, lui dis-je, mais vos ministres n'en ont ni l'envie ni le talent. Je pense qu'au lieu de lui creuser un lit, tout est conjuré pour l'anéantir.

Tout entière, reprit-il, et jusqu'à son

nom même. L'aristocratie européenne est debout; elle s'est armée de toute part contre les libertés publiques. Toutes les noblesses privilégiées, tout le clergé dévoué à la cour de Rome, tous les jésuites ressuscités, visibles ou invisibles, travaillent à la chaîne de fer qui doit attacher l'Europe comme un seul homme, et ils sont unis comme par un seul intérêt. Jamais ligue ne fut plus formidable. L'affreux despotisme d'Orient menace tous les peuples d'Occident; le ministère français sourit à cet avenir, et nous prépare ce lit de roses. Ne craignez-vous pas, dis-je, que cette vaste conjuration ne réalise ses espérances?

Elle suspend les nôtres, dit-il; c'est où se bornera tout son triomphe. Il y a encore loin de l'attaque à la victoire.

Certes, repris-je, il faut avoir un fonds

bien riche d'espérances pour en conserver encore dans un moment où tout conspire contre la cause libérale, avec un succès toujours croissant. Au reste, j'aime les courages qui sont plus grands que les dangers, même quand ils sont aveugles.

Je ne suis point aveugle, me dit-il ; je vois bien l'abîme où l'on veut nous précipiter ; mais nous ne sommes point encore tombés dans ses profondeurs, et croyez aussi que des volcans s'allument sous les pieds de nos ennemis. Je ne me fais point illusion, et quoique la passion de la liberté puisse excuser l'enthousiasme, je vous en parlerai avec plus de raison que d'emportement.

Si je ne suis point aveugle moi-même, lui dis-je, je vois la cause libérale sans pouvoir et sans chefs, menacée par les rois, par leurs armées, par tous les ministères d'Europe, par le clergé, par la noblesse, et en quelques lieux par le peuple; et je ne puis voir pour elle que la honte et la défaite. N'est-ce pas là comme les choses se présentent?

Vous dites bien, me dit-il, comme elles se présentent; mais ce n'est pas comme elles sont. Ce qu'on voit de la France et de l'Europe, n'est ni la France ni l'Europe. La marche du pouvoir n'est pas celle des nations: les peuples étudient leurs droits, pendant que leurs gouvernements s'étudient à les nier et à les détruire. Vous auriez tenu le même langage au temps de la réforme; le tableau était le même: tous les rois d'Europe s'étaient mis contre elle en un seul bataillon. Des armées formidables se sont levées contre quelques docteurs qui n'eurent d'abord pour armes que la raison et des vertus, et la réforme s'est étendue sur les trois quarts de l'Europe, malgré toutes les baïonnettes catholiques et le tonnerre du Vatican; tant il est vrai que l'empire de la raison est plus fort que tous les empires. N'est-il pas insensé de dresser des batteries de canon contre l'esprit humain? Atteint-on les idées avec des coups de fusil? Que peuvent contre lui vos ineptes ministres? croient-ils, parcequ'ils vont en arrière, empêcher les peuples de marcher en avant? Ne vous semble-t-il pas voir des mains d'enfants qui s'efforcent d'élever une digue au milieu de l'Océan? N'est-il pas prouvé que le génie de l'homme est supérieur à tout ce qui veut le subjuguer? Il faut combattre le génie avec le génie; mais c'est une arme étrangère à nos ennemis. Leur esprit est incapable de progrès. Leur tête est un dépôt de préjugés et de superstitions; aucune idée nouvelle ne peut s'y introduire.

Vous voyez ceux que nous avons plus près de nous : tels ils furent, tels ils sont. Après la plus étonnante révolution, après trente ans des plus grandes adversités, qui devaient être trente ans de leçons, ils n'ont ni une idée de plus, ni un préjugé de moins; ils appartiennent bien plus au règne de Charles-le-Chauve qu'au règne de Louis XVI. Tout s'agite et s'avance autour d'eux : ils sont stationnaires. Il semble que la cause de l'humanité n'est pas la leur, et ils offrent ce phénomène de l'homme étranger à l'homme. Mais leur immobilité n'arrête point les mouvements du monde. L'esprit humain est sorti de son enfance : il a rompu ses lisières; et tandis que ses ennemis demeurent dans l'absurde, il prend son vol vers la lumière, et ne descendra plus de sa hauteur.

Non, non, il ne faut pas que les apparences vous égarent. Tous les avantages de cette grande lutte sont de notre côté; tout est à nous, hors le pouvoir. Mais ce pouvoir qu'une faute nous a ôté, une autre faute peut nous le rendre: la main qui le donne, le livre à qui sait le prendre. Ne convenez-vous pas que nous avons pour nous le droit, la raison, le génie, les lumières, l'immensité du nombre, l'approbation publique ou tacite de tous les esprits éclairés et des peuples généreux?

C'est bien ce qui m'étonne, lui dis-je, qu'avec tant d'avantages vous ayez pu laisser vos ennemis s'emparer de l'autorité. Vous les dites ignorants et inhabiles, et cependant ils se sont montrés plus adroits que vous, qui êtes les instruits et les habiles.

Ils sont plus heureux de nos fautes que de leur adresse, reprit-il: car je ne prétends pas nier nos fautes. Nos chefs, dans un jour d'égarement, ont combattu pour eux; ils ont déserté à l'ennemi. Ils ont cru que leurs faibles mains ne pourraient retenir la puissance.

Vous ne connaissiez donc pas la nature du pouvoir, et le pays où vous vivez. Le pouvoir serait dans les mains d'une femme, qu'il y serait encore long-temps. Vous êtes chez un peuple patient, qui a le sommeil long et paisible, et le réveil terrible; vos ennemis l'ont saisi dans son sommeil.

Leur grand art, et le seul qu'ils possèdent, dit-il, c'est l'hypocrisie. Ils nous ont trompés; ils ont trompé la France. Les vertus libérales ont horreur de ce masque; mais ce masque est tombé. Leurs fausses vertus sont punies du mépris public, en attendant un châtiment plus sévère, auquel ils ne peuvent échapper. Privés de toute force morale, ils n'ont pour eux que le pouvoir : c'est beaucoup, sans doute; mais en le perdant, ils perdent tout, jusqu'à l'espoir de le reprendre.

Jugez mieux ce que nous sommes : environnés de nos ennemis, sans puissance, sans chef considérable, disséminés, presque abattus, sans autre force que la parole, sans autre arme que la raison, voyez comme ils nous jugent redoutables. Ils lèvent des armées contre des ennemis sans armes : ce sont les oppresseurs qui craignent les opprimés. Un discours les effraie, une brochure les fait trembler; la seule nomination d'un député populaire jette la terreur dans leur camp; l'applaudissement au théâtre d'un vers généreux leur paraît un danger; leurs ministres se troublent devant l'expression d'un sentiment national. Ils sentent qu'ils ne sont point le ministère de la nation, et la nation sait trop bien qu'ils ne sont que les séides de la cour et de l'aristocratie privilégiée ; elle sait trop bien qu'elle est traitée en nation vaincue, et qu'ils la destinent à orner le char des grands et de ses vainqueurs.

Il me semble, lui dis-je, que voilà un tableau bien chargé de couleurs : vous êtes mécontent, et l'humeur est un nuage qui se place entre l'esprit et la raison. Mais dites-moi, je vous prie, ce que gagneraient au triomphe de l'aristocratie privilégiée la plupart de ces ministres, qui ne sont que des plébéiens, et dont les manières encore plus plébéiennes sont en ce moment même la risée des courtisans ?

Je ne doute pas qu'ils n'aient lieu un jour de s'en repentir, reprit-il. Rappelez-vous en quels termes énergiques Cicéron exprime sa faute et ses regrets d'avoir si imprudemment servi les intérêts de l'intraitable aristocratie romaine. Elle le flattait, quand elle était menacée par le peuple; elle l'outrageait, quand elle ne le craignait plus. Vous ne direz pas sans doute que vos ministres sont des personnages plus considérables aux yeux de l'intraitable aristocratie française, dont l'orgueil ne le cède point à celui de Rome, qui du moins pouvait justifier le sien. Le parti qui les commande se sert d'eux contre eux-mêmes, et façonne la France par leurs mains au joug qu'il lui prépare. Il y a quelque adresse à faire plaider la cause aristocratique par des avocats plébéiens. L'aristocratie les caresse et les emploie, mais elle ne les estime ni ne les honore; ils ne sont à ses yeux que des instruments : et qu'ils se ressouviennent de ce mot de Frédéric parlant des hommes dont on se sert et qu'on méprise : *On presse l'orange, on jette l'écorce.* Quoi qu'ils fassent pour l'aristocratie, jamais elle ne les admettra dans ses rangs. Les dignités mêmes ne font point pardonner le crime de la naissance. Rien à la cour ne rapproche les distances : l'orgueil n'y descend jamais.

Ici le grave personnage se déridant un peu le front, Je veux, dit-il, par un trait de salon, vous faire voir comment les gens de cour honorent leurs amis plébéiens. On vantait, il n'y a pas long-temps, devant madame de la..... le royalisme exalté de M. .... qui est aujourd'hui en haute fonction : *Cela est vraiment bien beau !* dit la duchesse émerveillée. *Que nous soyons ultra-royalistes, cela est naturel, nous ne pouvons être autre chose ; mais il faut que notre cause soit bien bonne, puisque ces petites gens-là la défen-*

dent. Croyez-vous, ajouta-t-il, que madame de la .... n'en dit pas de même de vos ministres plébéiens ?

Je ris beaucoup de ce conte, bien digne de *l'École des bourgeois.*

La conversation s'était engagée d'une manière trop sérieuse pour ne pas reprendre sa première physionomie, et ne voulant pas quitter le terrain où nous étions, désirant aussi surprendre le secret de la cause libérale, je vois bien, lui dis-je, que si vous l'emportiez enfin sur vos ennemis, votre première action serait de détruire entièrement l'aristocratie, et jusqu'à *son nom même.*

Vous vous trompez, me dit-il. Entendons-nous : nous détruirions sans aucun doute jusque dans ses racines l'aristocratie de cour et de priviléges; mais nous ne sommes point ennemis d'une aristocratie libérale, car ces deux mots ne se choquent pas: j'entends une aristocratie où puissent être admis tous les citoyens illustrés par des vertus publiques, par de nobles services, de grands talents et de belles actions. Cette aristocratie ne blesse point l'égalité, pour laquelle nous combattons, et qui est si odieuse à nos ennemis. Nous ne voulons point détruire les lois de la nature. Sa loi fondamentale est l'inégalité : elle règne parmi les hommes, comme dans toutes les créatures animées ou inanimées; et puisque sa main a jeté toutes ces différences parmi nous, c'est à la loi humaine à les mettre en ordre, et à les ranger selon leur valeur. Or, il y a désordre, injustice et confusion, lorsque, dans un état, la naissance l'emporte sur le mérite, l'intrigue sur la vertu, l'ignorance sur la science, et la faveur sur les services. Vous voyez bien que nous ne demandons que l'égalité légale, et de l'ordre dans les inégalités qui existent entre les hommes.

Cela est fort raisonnable, lui dis-je; mais il me semble que vous avez ce que vous demandez: la charte a établi et ne reconnaît qu'une aristocratie constitutionnelle.

Eh quoi! reprit-il, seriez-vous homme à vous contenter des mots. La charte elle-même n'est qu'un mot! La charte reconnaît-elle une cour? non, sans doute; cependant cette cour existe, elle gouverne; c'est de là que sortent les faveurs et les proscriptions; c'est à elle qu'il faut plaire, c'est elle qu'il faut servir. Direz-vous que votre Chambre des pairs est plus forte qu'elle? Mais combien de pairs sont tout ensemble, de la chambre et de la cour? Sont-ce les intérêts de la cour ou du peuple qu'ils défendent?

n'est-ce pas à la cour qu'ils préparent ce qu'ils viennent faire à la chambre? Arrive-t-on à cette cour avec du mérite ou des titres? Voyez-vous entrer dans les carrosses du roi des plébéiens illustres, ou des nobles sans mérite? Laissons l'imbécile vulgaire se satisfaire avec des mots et s'apaiser par des mensonges; mais ce n'est point à nous à nous abuser sur les faits et les choses, et convenez avec moi que votre gouvernement constitutionnel est une dérision, et que vous êtes par le fait sous le joug honteux d'une aristocratie privilégiée, en attendant que vous en soyez esclaves par la loi. — Mais, dis-je, vous ne craignez pas qu'ils arrivent jusque là; ils n'auront point l'audace d'établir une servitude légale. — Ils oseront tout, dit-il, quand ils pourront oser. Mesurez la distance qu'ils ont parcourue depuis deux ans: ils n'ont plus qu'un pas à faire, mais c'est où nous les attendons.

Ici, monsieur, je crus devoir arrêter un entretien qui pouvait ravir trop de temps à mon sérieux ami, et je lui dis : Je suis bien charmé d'une conversation où j'ai recueilli des observations si profondes, et des faits que j'avais à peine remarqués. Je vois bien que vous ne vous livrez pas à de vaines méditations. Souffrez que je revienne quelquefois m'instruire auprès de vous. Je ne vous ai touché qu'un point, me dit-il : à notre première entrevue, nous reprendrons cette matière, et vous verrez qu'elle est immense. Là-dessus je le quittai après mille protestations réciproques de sincérité et d'affection; et pour ne rien perdre de cet entretien, je vous l'écris sur-le-champ.

Je suis, monsieur, etc., etc.

RÉPONSE

AUX DEUX LETTRES PRÉCÉDENTES.

De N., mai 1824.

Monsieur,

Je ne puis trop louer votre amitié, ni trop vous remercier de votre complaisance. J'ai pris un plaisir infini aux entretiens que vous avez eus avec vos deux amis. J'étais jusqu'ici sans guide et sans boussole; mais désormais, éclairé par les deux flambeaux que vous placez devant moi, j'espère ne plus m'égarer dans les chemins tortueux de la politique. Vous me faites assister aux deux plaidoyers de la grande cause publique qui agite l'Europe et particulièrement la France; sans votre secours, il m'eût été impossible d'envisager cette fameuse querelle politique sous des rapports si étendus, et en même temps si déliés. Vous me découvrez un horizon qui m'était inconnu. Je marchais sur un sentier étroit et obscur, et vous m'ouvrez une voie claire et spacieuse.

Nous traitons ici ces graves questions avec une simplicité dont vous vous feriez sans doute un divertissement. Nous prenons l'esprit de nos journaux; nos pensées politiques nous arrivent tous les jours par la poste; et quand nous avons lu ces journaux vivement attendus, il nous semble qu'il ne reste rien à dire ni à penser; nous les regardons comme les dépositaires de tout le savoir ministériel, et nous accueillons l'absurde, comme nous ferions le sublime. Chacun reçoit le journal de son parti, et ne voudrait et n'oserait en lire un autre : quelques esprits plus élevés s'affranchissent de cette convenance gênante, et les lisent tous Nos esprits fins ont quelquefois d'étranges idées : en remarquant le ton de fureur de certains journaux et le langage de sagesse de quelques autres, ils s'imaginent que *le Drapeau blanc* est rédigé par des jacobins, et *le Constitutionnel* par des royalistes.

Pour moi, monsieur, qui ai déjà reçu de vous des instructions qui ont agrandi ma sphère, il arrive souvent que n'étant satisfait ni des journaux, ni de mes pensées, dans l'impatience où je suis de savoir et d'entendre, je vais faire visite au préfet de mon département, pour lui surprendre quelques nouvelles, ou quelques réflexions; mais je m'aperçois bientôt qu'il n'est que l'écho de son gouvernement, ou qu'il est effrayé du *quos ego* ministériel; et je le quitte, ne m'ayant entretenu que de la dépêche télégraphique et des raisonnements de gazette.

Jugez par là combien je vous suis obligé de suppléer tout ce qui me manque; grâce à vous, je serai comme dans le sein même des deux partis. Je remarque sans surprise que vos deux amis, le royaliste et le libéral, sont tous deux assurés de la victoire, avec cette différence, que le royaliste est aussi près de son triomphe que le libéral en est loin: il s'ensuit néanmoins que ce grand procès n'est pas encore définitivement jugé, et l'on pourrait dire, ce me semble, que le royaliste l'a gagné en première instance, mais qu'il peut le perdre en dernier ressort.

Vos deux amis, monsieur, sont deux hommes de beaucoup d'esprit et de savoir, et je ne m'étonne pas qu'ils soient chefs dans leur parti. Votre libéral me paraît nourri de sciences solides, son raisonnement est fort et fixe l'attention. Votre royaliste est aussi fort instruit pour un royaliste; car pour tout ce qui est science, les royalistes en général portent un brevet d'exemption : il se passionne dans le discours, c'est peut-être ce que vous appelez de la politique de sentiment.

Vos deux amis, si contraires dans leur opinion, dans leurs projets et dans leur but, se réunissent cependant en un point, qui est leur peu d'estime pour les ministres: le libéral les traite tout-à-fait en ennemis ; le royaliste les traite plutôt en esclaves qu'en amis. Je sais ce que vous pensez d'eux; mais puisque nous voilà sur ce chapitre, je dois vous dire que j'ai fort bien pris la raillerie que vous m'avez faite à leur sujet; je ne vous en donnerai pas une seconde occasion. Je veux bien vous l'avouer avec un peu de confusion, j'ai cru que vos ministres étaient des géants : je les avais vus élevés sur tous les boucliers du côté droit; j'avais vu l'imprudent côté gauche prêter sa force à ses mortels ennemis, pour contraindre le roi à les appeler auprès du trône; j'avais vu renverser pour eux le noble duc de Richelieu, cet homme si considérable pour la France et l'Europe, si respecté de tant de rois, dont la parole valait un traité, qui avait placé l'honneur et la bonne foi dans le sein même du gouvernement, qui enfin possédait autant de vertus que le cœur humain peut en contenir; je vous dirai même, entre nous, que j'ai été étonné que le roi ait pu se séparer sans regrets d'un ministre aussi regretté, qui était le médiateur de toutes les prétentions, le lien de toutes les opinions, et qui avait trouvé le secret de rapprocher le roi de son peuple et le peuple de son roi.

Ayant vu sacrifier cet homme illustre avec une joie partagée par les deux partis, et réunir tant de vœux et d'efforts pour obtenir ses successeurs, Il faut, me disais-je, que ces nouveaux ministres soient des prodiges de savoir et de vertu : la France a sans doute l'instinct de son bonheur en les appelant. Qui ne l'aurait pas cru, monsieur? le parti royaliste alors jetait tant de cris et si hauts, qu'il semblait produire une exclamation générale. Je me suis aperçu promptement de la supercherie, et que ce parti si peu considérable ne jetait tant de cris que pour tenir lieu de multitude; car dix personnes qui se remuent en tous sens tiennent plus d'espace que cent qui restent immobiles. Ainsi, deux cents royalistes dans la chambre et dans Paris, et vingt ou dix dans chaque département, se répondant par la même clameur, m'ont fait croire que toute la France se levait en masse pour voter l'élection des nouveaux ministres. Vous vous le rappelez, monsieur, et vous-même, me faisant le tableau de ce qui se passait en ce temps sous vos yeux, vous m'écriviez que ce parti était si violemment agité et si enthousiasmé, en invoquant le nom de ces ministres, qu'il ressemblait, par l'expression et la fureur, à une de ces multitudes révolutionnaires qui vociféraient au forum : *Pétion ou la mort !*

Enfin, quoi que vous puissiez dire de ma crédulité, je soutiens que pour bien connaître ces hommes nouveaux, il fallait les mettre à l'essai. Depuis huit ans leur langage n'était rempli que des noms d'honneur, de loyauté, d'humanité, de royalisme, de religion ; il semblait qu'avant eux il n'y avait plus de vertu sur la terre, et que sans eux on ne pouvait l'y rétablir : c'est avec ce langage artificieux qu'ils se sont emparés du pouvoir. Combien ces dehors plâtrés ont séduit les simples! j'ai été de ce nombre, sans doute; et même ce n'est que depuis peu, et grâce à vous, que j'ai cessé d'être dupe d'apparences si bien soutenues, et d'impostures si bien ménagées. Les jésuites autrefois n'ont pas été plus habiles dans le grand art de feindre.

Mais franchissons, monsieur, un intervalle immense, et, sautant les liaisons, arrivons de ces ministres à Bossuet et à Fénélon, dont vous m'entretenez dans vos précédentes lettres. Je relis les œuvres de ces deux grands hommes, quoique Fénélon soit frappé d'anathème. C'est une grande faute que l'anathème, car il augmente la gloire. Il faut donc se prononcer entre le despotisme de l'un, et la douce et sage autorité de l'autre; et, selon qu'on se place sous la main du premier, ou sous l'ombrage du second, on est royaliste pur, ou libéral.

Ne pourrait-on pas traduire votre question par celle-ci : Voulez-vous vivre sous les Solimans, ou sous les princes d'Orange ? Je crois que dans les temps ordinaires il n'y aurait point à balancer ; mais aujourd'hui le royalisme est à une hauteur qu'on n'avait point encore mesurée : il s'agit bien moins d'être heureux que d'être soumis. Le dogme dominant est l'obéissance aveugle et passive, et vous m'avez assuré que, dans l'application de ce dogme oriental, les visirs de Constantinople ne vont pas si loin que les visirs de France.

Mais ce serait trop présumer de moi, monsieur, que de me croire capable de faire un choix si prompt entre deux doctrines politiques : quand j'en aurai connu la force et l'étendue par les entretiens de vos deux amis, j'aurai sans doute alors tout le discernement nécessaire pour embrasser l'un des deux cultes ; jusque là, souffrez que je me renferme dans toute la sagesse du précepte *abstine.* Je craindrais en ce moment d'être à tort ou libéral, ou royaliste pur. Je n'oublie point ce que vous a dit votre ami le royaliste, que *dans les guerres civiles le nom fait le crime.* Puisque le nom est tout, il faut connaître l'importance de celui qu'on veut porter. Ce n'est point par crainte que je m'abstiens ; c'est la vérité que je cherche, et non le danger que j'évite.

Je vais attendre vos prochaines lettres avec une impatience bien justifiée par les choses rares et nouvelles qu'elles contiennent.

Je suis, monsieur, etc., etc.

LETTRE V.

De Paris, juin 1824.

Monsieur,

Je ne m'étais pas trompé en croyant que vous prendriez un vif intérêt aux conversations auxquelles je vous rends, pour ainsi dire, présent : le plaisir que j'en reçois moi-même est doublé par celui que je vous procure. J'ai de nouvelles lumières à vous communiquer, et je puis dès aujourd'hui même répondre à votre impatience.

J'ai fait une seconde visite à mon ami le royaliste : je le quitte en ce moment. Aussitôt qu'il me vit entrer, Si vous n'étiez pas venu, me dit-il, j'aurais été vous chercher. Notre dernière conversation a été interrompue, à mon grand regret; il m'a semblé que je ne vous avais rien révélé de bien important.

Et quelle sera donc, lui dis-je, l'importance des choses que vous avez à m'apprendre, si celles que vous m'avez dites vous semblent de si peu de valeur? Pour moi, je n'en ai jamais entendu qui soient d'une si grande conséquence et d'un intérêt plus élevé.

Je vous ai bien dit, reprit-il, que nous voulons replacer la France sur ses anciens fondements, mais je vous ai parlé trop rapidement de nos moyens de succès; c'est dans leur développement que vous en reconnaîtrez l'excellence et l'infaillible combinaison; et vous jugerez si c'est légèrement que je vous prédis que, comme Jérusalem, l'ancienne France sortira de ses ruines plus forte et plus brillante.

D'abord vous avez vu que nous avons appelé sous nos drapeaux des gens de toute condition et de toute réputation. Tous ceux qui ont à se reprocher des actions honteuses ou criminelles se sont jetés dans nos bras pour se les faire pardonner. Le manteau de royaliste est comme la robe de prêtre, il couvre tout. Vous savez que l'empereur Constantin, ne trouvant pas la religion païenne indulgente à ses crimes, embrassa la religion chrétienne, qui pardonne tout. Ainsi les délinquants de toute espèce ont embrassé le royalisme, qui est le nouveau baptême qui efface tout. Leur nombre s'est accru de tous les intrigants, qui saisissent une opinion comme un moyen de parvenir; mais ce qui est d'un merveilleux effet et d'un service considérable, c'est d'avoir pour auxiliaires un assez grand nombre d'anciens révolutionnaires, qui font aujourd'hui pour nous ce qu'ils ont fait autrefois contre nous. Comme il faut que ces hommes, entraînés par leur mauvaise nature, appliquent leurs passions nuisibles et leur esprit remuant à toutes les circonstances et à tous les temps, nous nous sommes emparés de leur ardeur, et nous les avons admis, non pas dans nos rangs, faites bien attention à ceci, mais dans nos affaires, ce qui est fort différent; et ne croyez pas que nous voulions nous servir d'eux au-delà du besoin que nous en avons. Nous avons trouvé, dans tous les départements, de ces vieux soldats de la révolution, qui, revêtus d'une armure nouvelle, sont aujourd'hui dans tous les postes avancés de la contre-révolution. Ils sont les délateurs de nos ennemis, les satellites de l'opinion qui triomphe, les surveillants secrets de tous les fonctionnaires publics, depuis le préfet jusques au percepteur. C'est vraiment un miracle des temps modernes, de voir ces cruels persécuteurs des royalistes devenus plus royalistes qu'eux, comme saint Paul, persécuteur des chrétiens, devint plus ardent chrétien que ceux qu'il persécutait.

Ici interrompant mon ami le royaliste, Pardonnez-moi, lui dis-je, si je ne puis louer ni approuver de semblables moyens. Il ne faut point séparer l'honnête de l'utile; les moyens méprisables sont pleins de dangers. Des gens diffamés déshonorent tout ce qu'ils touchent; leur souffle flétrit tout ce qui le reçoit : la cause royale est trop belle pour l'avilir dans ses appuis; il ne faut point défendre ce qui est glorieux pour ce qui est honteux; il ne faut point mêler le pur et l'impur : gardons-nous de nous jouer de la morale des peuples, qui se vengent tôt ou tard de ceux qui la méprisent. Ne craignez-vous pas qu'on ne vous applique cette triste vérité, que, *sous un mauvais gouvernement, les méchants seuls sont actifs?* Faut-il vous faire ressouvenir que la fameuse cause des Guises a péri précisément par cette immorale et fausse politique? Ils étaient bien près du trône, ils allaient y monter; mais les honnêtes gens qu'ils avaient séduits, voyant qu'ils s'environnaient de tous les hommes perdus d'honneur, indignés de se voir confondus avec de tels auxiliaires, désertèrent leur bannière, si près d'être la bannière royale; et ces Guises, trop célèbres pour le bonheur de la France, abandonnés de leurs amis honorables, et réduits à leurs amis méprisables, perdirent la vie, leur famille et leur gloire.

Faut-il appuyer d'un exemple ancien cet exemple moderne? Ce sont ces mêmes funestes moyens qui ont précipité Catilina, qui avait tant d'approbateurs secrets dans le sénat et dans les hauts rangs de l'aristocratie romaine. Il s'aliéna tous les honnêtes gens de Rome, en se faisant une armée de tout ce qu'il y avait d'impur dans l'Italie, et il glaça ses amis, qui n'osèrent se faire connaître ni le défendre.

Votre observation serait juste et de grande considération, me dit-il, si ces moyens hasardeux étaient nus et isolés, et si on les voyait sous leur aspect naturel; mais ils ont une apparence de vertu qui en ôte la honte et le danger. Faut-il vous apprendre que l'Église les approuve et les seconde, qu'elle fait

6

cause commune avec nous et avec ces mêmes hommes ? or, vous le savez, non seulement l'Église justifie, mais elle sanctifie.

Ah! s'il est ainsi, dis-je, je reconnais la vanité de mes observations.

Vous ne faites pas attention non plus, reprit-il, que les Guises et Catilina étaient en dehors du gouvernement, ou plutôt qu'ils en étaient les ennemis, et que nous, plus heureux ou plus habiles, nous avons nos chefs et nos conseils dans le sein même de la cour et du ministère; et d'ailleurs nos ministres ont reconnu l'excellence de la maxime du cardinal de Richelieu, *qu'il faut écarter les gens de bien des affaires du gouvernement.*

Quand je m'aviserai dorénavant de vous faire une objection, lui dis-je, j'y réfléchirai à deux fois, car vous avez des réponses qui ôtent jusqu'à la volonté de répliquer.

L'ambition de Rome, poursuivit-il, a fait bien d'autres merveilles. Qui aurait osé se déclarer contre les évènements qu'elle a protégés ou conduits? Qui aurait osé blâmer le massacre des Indes, l'extermination des Vaudois, la Saint-Barthélemy, les dragonnades, les guerres de la réforme, et cent autres grandes actions qui attestent sa puissance et sa gloire? Laissez faire l'Église, et allons avec elle; nous ne pouvons errer ni tomber. Et de plus, je vous fais observer qu'il y aurait danger de la contredire. Je vous rappelle ce mot du Père La Chaise à celui qui lui révélait un complot de jésuites contre les jours du roi: *Il ne faut pas mettre la main où Dieu veut mettre le doigt.* Ignorez-vous ces choses? avez-vous des yeux pour ne point voir?

Je ne suis pas, dis-je, si peu clairvoyant que je ne m'aperçoive très bien que l'ambition de Rome rétablit partout sa redoutable domination, et qu'elle s'étend au loin comme une vaste mer qui veut gagner ses rivages. Je ne doute pas même que la puissance théocratique unie à la force aristocratique n'opère bientôt de ces évènements éclatants et décisifs qui ont jadis illustré et affermi ces deux grands pouvoirs contre les prétentions des peuples.

Vous en jugez bien, dit-il, cette union est absolument nécessaire : nous ne pourrions sans elle rétablir le pouvoir absolu. Nous avons nos flambeaux dans l'histoire : sous les premières races de nos rois, en France et dans toute l'Europe, les peuples étaient en possession d'anciennes libertés, et de priviléges inquiétants et dangereux pour les trônes ; mais quand la puissance ecclésiastique, si faible dans sa naissance, fut assez forte pour venir au secours des rois qui lui étaient soumis, elle imposa silence aux peuples avec l'*omnis potestas à Deo.*

Mais pourquoi, lui dis-je, ne tranchez-vous pas les choses d'un seul coup, et ne faites-vous pas un cardinal premier ministre? tout serait alors dans vos mains; ce pas de géant vous ferait arriver en un jour où vous voulez atteindre.

Vraiment, dit-il, on croirait que déjà vous avez été initié à nos secrets. C'est bien là ce que nous méditons. Croyez-vous que nous pouvons nous contenter long-temps d'avocats obscurs que nous avons faits ministres? Nous les avons mis là comme marchepied pour arriver plus haut. Mais où avez-vous pris cette idée? elle est grande et décisive. Il y a bien des gens dans nos conseils qui ne l'auraient pas conçue.

Je suis bien aise, dis-je, de vous montrer un peu de mon savoir politique, ne fût-ce que pour soutenir l'intérêt que vous voulez bien prendre à converser avec moi. Mais permettez que je vous ramène à ce que vous venez de dire tout à l'heure, et qui fixe mon attention. Vous disiez que les peuples autrefois avaient des libertés et de grands priviléges; ne craignez-vous pas qu'instruits de leurs droits, ils ne fassent toujours des efforts pour les reconquérir?

Cela serait à craindre sans doute, dit-il, mais on a grand soin qu'ils l'ignorent: nous épaississons la nuit des temps, et nous empêchons toute lumière d'y pénétrer.

Ah! bien, dis-je, je crois vous comprendre: on avait institué une chaire de droit public des Français, c'est donc pour perpétuer cette ignorance qu'elle a été supprimée par ce ministre qu'on peut appeler le génie des ténèbres, qui regrette de ne pouvoir éteindre le soleil?

Assurément, dit-il; et vous le désignez bien. Ce vrai Gaulois, qui s'attendrit encore au nom des vieux ducs de Bretagne, veut bien qu'on entretienne l'heureux souvenir de ces temps regrettés dont un écrivain moderne vient de faire le juste éloge; mais il ne voudrait pas que l'on remontât l'histoire plus haut, car dans un temps plus haut, on rencontre l'autorité des peuples, et les bornes du pouvoir des rois. Nous connaissons bien ces diverses époques, mais nous prenons date où nous voulons. Ce ministre a vu qu'on jetait du jour sur l'antiquité; il l'a replongée dans l'obscurité. Il a défendu la connaissance de notre ancien droit public, par la même raison que les prêtres, aussi bien avisés que lui, défendent la lecture de la Bible, de peur que cette lecture, quelquefois si étrange, ne nuise à la croyance des choses qu'ils enseignent. Mais vraiment, dis-je, je commence à croire que vos ministres sont d'habiles gens. S'ils ne sont pas toujours habiles, dit-il, du moins n'est-ce pas la bonne volonté qui leur manque. Mais en quoi ils ont montré beaucoup d'habileté et plus encore de hardiesse, c'est en plaçant la dangereuse université dans les mains d'un prêtre. Ce coup, certes, était très hardi, car ce choix affichait sur les murs tous les secrets de notre politique; mais il nous a réussi au-delà de nos espérances.

S'il faut que je vous en dise ma pensée, lui dis-je, j'ai été fort surpris de ce choix, car je ne croyais pas que cet abbé que vous avez fait grand-maître fût digne par son mérite d'une si éminente fonction. Mais il ne l'est pas non plus, reprit-il avec impatience ; vous raisonnez toujours comme si nous étions dans des temps ordinaires. S'agit-il aujourd'hui de science et de génie ? c'est l'opinion politique, c'est l'opinion religieuse qui nous importe ; c'est ce que dit lui-même cet abbé aux savants de l'université. Et ne voyez-vous pas que cette université était trop haute, et que nous avons voulu l'abaisser ? Pouvions-nous mieux faire ? Et d'ailleurs, dites-moi, quelle est aujourd'hui la place qui ne soit pas plus haute que celui qui la remplit ? Si vous mesurez ainsi l'homme à la dignité, connaissez-vous beaucoup de fonctionnaires dignes de leurs fonctions ; est-ce pour le service de l'état qu'on les choisit ? Mais si vous mesurez tous ces fonctionnaires à leur dévouement, ils sont les plus éminents du royaume, et aujourd'hui *l'opinion est tout l'homme*, ce qui est bien plus vrai que *tout l'homme est dans le style*. Vous voyez qu'auprès de nos ministres nul mérite n'est assez haut pour balancer le mérite de l'opinion; ils n'y sont pas moins intéressés que les autres royalistes. Placez-vous donc dans le temps où nous vivons; entrez mieux dans nos idées; vous tenez trop à vos principes de justice distributive.

Je vous assure, lui dis-je, que je ne tiens point à mes idées, et que je les abandonne volontiers, quand je les reconnais fausses. Il ne faut pas vous étonner si, dans le cercle étroit où je vis, je me dirige par des principes vulgaires; mon tort est de les appliquer à des circonstances supérieures à toute justice, et de croire que ce qui est juste pour un simple citoyen, le soit pour un royaliste.

Mais ne croyez pas pour cela que je ne pénètre point la profonde intention du choix que vous avez fait. J'oserai même affirmer que par là vous avez mis l'avenir dans vos mains: en effet, livrer aux prêtres l'éducation de la jeunesse, c'est leur livrer l'état; et à ce sujet je vous fais souvenir que les jésuites, dans leurs querelles avec le parlement, en 1563, obligés de renoncer à tous les priviléges qu'ils avaient usurpés, et même à leur nom de Société de Jésus, se trouvèrent consolés par l'autorisation qui leur fut donnée d'avoir un enseignement public. Ils sacrifiaient au temps des avantages qu'ils savaient bien que le temps leur ramènerait. Une fois maîtres des esprits et des cœurs, ils étaient maîtres de tout. Avant d'établir leur domination dans l'ordre social, ils commencèrent à la fonder dans la génération, qu'ils formèrent pour eux et non pour l'état. C'est dans les cœurs de ces jeunes générations qu'ils jetèrent les racines de cette monarchie sourde et silencieuse qu'ils établirent sur toute la terre, étonnée de se trouver sous un joug qu'elle n'avait pas soupçonné. Ainsi, après s'être emparés des cœurs de la jeunesse, ils disposèrent à leur gré des rois, des grands et des peuples.

Voilà faire profit de l'histoire, me dit mon ami le royaliste. J'aime à vous entendre parler ainsi. Vous voyez donc bien que nous avons frappé le plus grand coup d'état, et d'autant plus sûrement, que nous sommes admirablement secondés par la dévotion sincère des princes, et la dévotion simulée des grands, ce qui est une même chose pour les résultats. En effet, dis-je, notre siècle produit toutes les merveilles. Nous n'avions pas encore vu les courtisans dévots. Autrefois ils ne connaissaient d'autre dieu que le roi; ils faisaient plus de cas d'un théâtre que d'un autel, et d'une courtisane que d'un évêque. C'est même leur impiété qui avait rendu la société impie.

Ce fut une imprudence, dit-il, et qui leur a coûté cher. Aujourd'hui les pensées peuvent être les mêmes, mais les conduites sont différentes. Ils ont reconnu la nécessité d'avoir pour un temps les dehors de la vertu. C'est une contrainte un peu gênante; mais le but en est si avantageux, que cette gêne leur est facile à supporter. D'ailleurs ils ont des modèles parfaits dans les jésuites, qui enseignent si bien l'art de s'envelopper sous cette écorce de vertu.

Souffrez que je vous demande, lui dis-je, quelle est votre intention à l'égard des jésuites. Votre dessein est-il de les rétablir bientôt en corporation, ou de les laisser encore quelque temps inconnus et dispersés, remuant l'état d'une main invisible, et travaillant au grand œuvre dans l'ombre et le silence?

Nous en étions là de notre conversation, monsieur, lorsque l'on vint annoncer l'aumônier du roi; comme je ne le connais que de nom, et présumant bien qu'il ne venait point faire une visite oiseuse, je crus devoir me retirer. Mon ami le royaliste me dit: Je répondrai une autre fois à votre question. Nous en avons bien d'autres à traiter. Je le quittai, après lui avoir promis de le revoir bientôt.

Je me disposeà faire une seconde visite à mon ami le libéral.

Je suis, monsieur, etc., etc.

LETTRE VI.

De Paris, juillet 1824.

Monsieur,

Il m'arrive souvent de m'arrêter aux Tuileries pour y lire les journaux. Je me rappelle qu'en 1792 et 1793, sous les mêmes arbres de ce jardin, je venais lire les gazettes de cette funeste époque; et comme les lieux ont cela de propre, qu'ils reproduisent facilement les impressions qu'on y a éprouvées, je retrouve, en lisant les journaux qui se nomment royalistes, les mêmes sentiments dont j'étais agité en lisant la feuille du *Père*

Duchesne, et le *Journal de la Montagne.*

C'est, dans des causes différentes et dans un style différent, le même esprit de fureur, le même serment de haine, le même cri de vengeance, la même soif de sang. Ainsi, monsieur, la méchanceté de l'homme est toujours la même, quoiqu'elle se serve d'attributs divers. Elle croit être bien cachée quand elle est couverte de noms magnifiques, comme le venin qui se croirait inconnu sous le vêtement d'une fleur. Ainsi sous ces noms si vantés de *guerre sainte*, de *rigueurs salutaires*, de *morale vengée*, de *royalisme pur*, de *vengeance divine* ou *royale*, je ne vois et ne puis voir que les détestables passions des hommes. Je n'ai point oublié que les exécuteurs de la Saint-Barthélemy se nommaient les *catholiques zélés*, pour se distinguer des *catholiques politiques*, qui étaient les hommes humains et modérés de ce temps-là.

C'était hier, en lisant les journaux aux Tuileries, que je me livrais à ces réflexions; mais les abandonnant aussi promptement que ces feuilles éphémères, je cherchai une allée solitaire pour mettre de l'ordre dans les pensées qui me viennent en abondance à la suite des entretiens de mes deux amis. C'est dans ce moment que je fus rencontré par mon ami le libéral, qui passe rarement aux Tuileries, craignant d'y voir de trop près les livrées de la servitude. Cette rencontre me fut très agréable. Me voyant seul et rêveur, c'est à mon tour, me dit-il, à vous demander le sujet de vos méditations. C'est vous, répondis-je, qui me le fournissez par la matière de vos entretiens. Mais avez-vous du loisir? J'en ai, dit-il; asseyons-nous sous cet arbre antique, planté par cette Médicis qui ne savait si elle devait être catholique ou protestante, et qui faisait de la religion l'instrument de sa criminelle ambition, comme il arrive encore aujourd'hui; car le soleil éclaire le même monde, et paraît ramener les anciens jours, tant les nôtres leur sont semblables. Causons à l'ombrage de ce vieux témoin des massacres de nos guerres civiles, qui a vu plus d'agitations dans le cœur des hommes, qu'il n'en a vu dans ses feuillages.

Cette Médicis dont vous parlez, lui dis-je, s'est trouvée dans un siècle étonnant et dans une position admirable. Jamais on ne vit autant d'esprits élevés et de cœurs magnanimes qu'il n'y en eut sous son règne. Ils étaient d'une trempe supérieure à tout ce qu'on a vu de grand sous Louis XIV. Si cette reine eût eu du génie et des vertus, elle pouvait faire des Français le premier peuple du monde; mais elle n'en a su faire qu'un peuple d'assassins et de victimes, et elle a couvert de sang et de poussière tout ce qu'il y avait de sublime dans son temps.

Le cœur d'une reine, me dit-il, renferme ordinairement toutes les passions des hommes et toutes les passions des femmes. Ne doutez pas qu'elle n'eût fait la France protestante, si, comme Élisabeth, elle eût eu une rivale catholique. Les destinées des grands peuples tiennent à ce fil. Le cœur d'un roi contient le monde; mais pour que le monde fût heureux, il faudrait que ce cœur fût divin, car le cœur d'un roi n'est que le cœur d'un homme, et souvent de quel homme!

Cette reine dont nous parlons a vécu, comme vous le dites, dans un siècle fécond en grandes choses et en grands hommes. Le génie de la Réforme avait élevé toutes les pensées et ennobli tous les cœurs. Elle a étouffé toutes ces merveilles, parceque la dignité et le bonheur de ses peuples n'entraient pas dans les plans de son ambition. Elle a régné pour elle, comme tant de rois ont régné pour eux. Dans cette longue énumération de rois qui ont gouverné les hommes, combien en comptez-vous qui aient eu la pensée de leur bonheur? Osons dire une de ces vérités dont l'humanité s'épouvante : il y a eu assez de rois sur la terre pour en former un peuple, et les noms de tous les bons rois seraient contenus dans une médaille. Dans cette longue liste des rois qui ont régné sur le peuple français, sur ce peuple toujours prêt à s'élancer vers les grandes choses, et toujours comprimé dans son élan, combien en trouvez-vous qui se soient proposé la divine ambition de le rendre heureux? Deux, je crois, Henri IV et Louis XVI. Voilà deux rois populaires dont les noms devraient être gravés sur toutes les colonnes de marbre, dans le cœur de tous les hommes, et sur le frontispice de tous les empires.

L'infortuné Louis XVI est tombé dans le gouffre d'une révolution. C'est un malheur de nos rois, de n'être accessibles qu'aux grands et d'être invisibles à leur peuple. Un peuple étranger à son roi ne peut le juger qu'en aveugle. Le cœur de Louis XVI lui était inconnu; et, ne vous y trompez pas, il n'a point péri comme roi, mais dans la plus terrible fureur qui se soit jamais déchaînée contre l'aristocratie, il a été frappé comme chef de cette odieuse aristocratie. C'est le roi des grands qui a été immolé, mais non le roi du peuple. Mais il n'était pas le roi des grands; sa mort fut un crime: c'est un sujet d'éternelle douleur, comme d'éternel reproche ; c'est un malheur d'autant plus funeste que l'aristocratie en fait sa force contre le peuple.

Henri était mieux connu. Il n'y avait point entre son peuple et lui cette épaisse barrière que les grands ont tant de soin qu'il ne franchisse pas. Ce grand prince est tombé sous un poignard. Ce fut le crime du fanatisme associé à l'aristocratie; et, vous le savez, jusqu'à la mort de Louis XVI, qui fut un crime du peuple, tous les autres crimes dont la chaîne épouvantable semble lier l'histoire de notre patrie ont été commis par le fanatisme et l'orgueil réunis. Nous sommes aujourd'hui témoins vivants de leur redoutable union. Qui sait si nous ne verrons pas ce que nos pères ont vu ?

Je pense comme vous, lui dis-je, que les

rois ont tout à gagner à être populaires. Quand ce ne serait pas un devoir d'humanité, ce serait encore un secret de la politique. Je crois même que beaucoup d'entre eux y auraient de l'inclination, s'ils ne craignaient pas de devenir odieux aux grands qui les environnent.

N'en doutez pas, reprit-il, les rois populaires leur sont en horreur. Savez-vous comment ils aiment les rois? Ils aiment Louis XIV à vingt ans, arrivant au parlement avec un fouet à la main, pour en chasser les membres. Non, ce n'est point devant eux qu'il faut faire l'éloge d'Henri IV et du bon roi de Pologne; ils les nomment *les rois de la populace.*

Ce n'est point non plus devant eux, mais ce sera devant toutes les nations civilisées, que je rendrai hommage au noble roi des Pays-Bas, à ce généreux prince d'Orange qui s'est rendu accessible à tous les citoyens, qui ne cherche point à se dérober sous la pourpre, qui n'élève point de digue entre son peuple et lui, qui n'est précédé ni de faisceaux ni de licteurs, auprès de qui tous les hommes, sans acception de rang, peuvent arriver à toute heure, sans traverser une garde prétorienne, et sans subir les hauteurs et les dédains des valets et des gentilshommes de cour. Peut-être le peuple belge ne connaît-il pas assez le prix d'un roi si digne de son amour; peut-être ce roi est-il contraint à des mesures qui font violence à sa bonté; mais que ne doit-on pas attendre d'un prince magnanime et éclairé qui comprend tous les devoirs de la royauté, s'inquiète de toutes les affaires, veut connaître tous les hommes, qui descend du trône pour aller au-devant d'eux, et les invite à venir déposer dans son cœur leurs peines et leurs vœux? Poursuis, noble roi; ton nom, il est vrai, ne sera point célébré dans les hymnes des courtisans, mais il le sera dans les chants de reconnaissance de tous les peuples, car un roi juste et généreux appartient à l'humanité entière.

Croyez-vous, poursuivit-il, que si tous les Français avaient l'accès libre et facile auprès de leurs rois, que s'ils pouvaient encore aller leur demander justice sous *l'arbre de Vincennes*, croyez-vous que vos ministres oseraient exercer les violences et commettre les iniquités qu'ils appellent les volontés du roi? Mais ils les exercent impunément. L'infini se trouve entre nos rois et nous. Le trône est à une hauteur que nul citoyen ne peut atteindre. Aussi les larmes des victimes tombent sur la terre, et la terre seule les reçoit; les plaintes des malheureux frappent l'air, et s'éteignent dans le silence de l'air. Nous apercevons quelquefois nos rois passer rapidement dans des chars, comme les peuples d'Orient aperçoivent les leurs passer dans des palanquins. C'est tout ce qu'ils en voient, c'est tout ce que nous en voyons. Vous êtes ici dans ce jardin bien près de leur palais; vous croyez être bien près du roi; l'espace entre vous et lui est incommensurable. Comment franchiriez-vous cette barrière impénétrable placée par l'aristocratie? Comment vous ouvrir un chemin à travers cette armée de gardes, de soldats, de satellites étrangers, de gentilshommes et de valets qui encombrent et ferment tous les passages. Étrange erreur des rois de se croire mieux gardés par la force que par l'amour!

C'est là l'éternel sujet de nos plaintes. C'est

ce mur d'airain que nous voulons renverser, c'est ce chemin qui conduit au trône que nous voulons nettoyer. Nous gémissons d'être dans un pays où la qualité de citoyen est plus basse que celle de courtisan, où tous les ressorts de l'état sont dans les mains des courtisans, où les ministres n'ont pas honte de l'être, où le roi, enveloppé d'une triple armée de gardes, d'étrangers et de gens de cour, reculé de ses peuples à une distance infinie, est pour eux comme une idole invisible et muette.

Je pense, lui dis-je, qu'on peut expliquer de deux manières ce dessein qu'ont nos rois de s'environner de gardes et de courtisans. Ou ils les jugent nécessaires au luxe et à l'ornement du trône, ou ils se croient plus en sûreté au milieu d'eux.

Si c'est comme luxe, répliqua-t-il, il est

vain et frivole, et peu digne de rois qui règnent sur des nations nobles. Ce faste asiatique inconnu dans l'Europe, excepté de nos rois, peut convenir aux pays de servitude et d'ignorance ; c'est la décoration de l'Orient, et bien digne de ces contrées barbares qui ne sont remarquables que par la pompe qui les a rendues célèbres. Tout le monde le sait, l'Orient n'a que des sens : on n'y connaît ni les plaisirs de l'intelligence, ni les voluptés de l'âme ; l'âme de ces peuples est toute dans leurs yeux et dans leurs oreilles. On n'y peut émouvoir les hommes que par des objets extérieurs. Mais nous, pour qui rien n'est si beau que la justice et la grandeur d'âme ; nous qui regardons les vertus des rois comme les vrais diamants de la couronne ; nous qui, comme disaient les anciens Romains, sommes nés pour l'honneur et pour la liberté, *ad decus et libertatem nati*, que nous importe cette pompe orientale, propre peut-être à l'enfance des peuples, mais puérile dans leur maturité.

Que si c'est pour se mettre en sûreté que nos rois se cuirassent d'un triple rang de gardes, de courtisans et de valets, ils peuvent interroger l'histoire, qui leur dira s'ils ont trouvé leurs ennemis dans le sein de leurs peuples, ou dans le sein de leur cour. Le sang de leurs aïeux ruisselle autour d'eux; qu'ils lui demandent quelles mains l'ont répandu. Est-ce le peuple dans son mécontentement, ou n'est-ce pas l'orgueil dans son humiliation, ou le fanatisme dans ses alarmes? Entrons dans les derniers siècles, et voyons ce qui s'y passe. Henri III est poignardé dans sa chambre, au milieu de ses favoris; Henri IV est poignardé dans son carrosse, au milieu de ses gentilshommes; des assassinats sont tentés sur Louis XIII, des empoisonnements sur Louis XIV et sur le grand-dauphin; une mort violente enlève les ministres et les favorites des rois; Louis XV est assassiné dans sa voiture, au milieu de ses courtisans; le dauphin et la dauphine meurent empoisonnés. Dites-moi, vous qui aimez la vérité, où voyez-vous le peuple dans ces forfaits? Vous ne l'y voyez que pour en témoigner son horreur, et faire éclater sa douleur et son indignation.

Nous ne remonterons pas plus haut, car la liste des forfaits est trop longue; mais j'en ai dit assez pour prouver à nos rois, si nos rois écoutaient, que les glaives parricides ne sont point dans la main du peuple; que les dangers sont près d'eux, dans le sein de cette cour où toutes les passions bouillonnent, comme les matières sulfureuses dans le sein des volcans.

Voilà, dis-je, des vérités terribles, et des faits d'une éloquence accablante. Ceux qui en sont accusés ne laisseront pourtant pas d'y répondre: non pas en repoussant l'accusation, ils n'oseraient; mais comme des criminels sans défense, par la récrimination. Non seulement ils arguent de la mort de Louis XVI contre le peuple, mais ils peuvent reverser sur lui le sang du dernier prince de sa maison, car sa mort est aussi un attentat populaire; le fer de l'assassin n'a été aiguisé ni par la superstition ni par l'aristocratie : le coup a été frappé par le nouveau fanatisme de la cause populaire.

Quand un grand crime se commet, reprit-il, le sentiment de l'horreur précède l'examen qu'on en doit faire. C'est ce que j'éprouve à la nouvelle d'un attentat extraordinaire. En même temps ma pensée active et inquiète se porte sur la passion qui l'a conçu ; j'interroge le cœur ulcéré qui a renfermé cette passion puissante et terrible qui tout à la fois donne le conseil du crime, et met sa gloire à son exécution. Eh bien! n'en doutez pas, la même haine qui a été si inexorable pour Louis XVI, a immolé cette seconde victime. C'est cette indomptable haine, cette invincible horreur de l'aristocratie. Cette haine déborde dans tous les discours du meurtrier. Voilà donc deux régicides dont il faut accuser la cause populaire. Ce sont les deux premiers. Examinons si la politique présente est propre à arrêter le cours de ces attentats.

Ici, je vous demande toute votre attention, car ce que j'ai à vous dire est fort grave, et d'une effrayante conséquence.

Ouvrons l'histoire, nous y verrons que jusqu'à deux cents ans près de nous, nos rois se sont toujours jetés dans les rangs de leurs peuples pour combattre et dompter l'insolente aristocratie qui leur imposait des lois, balançait et enchaînait leur autorité. Ainsi ils sont redevables de l'agrandissement de leur pouvoir et de l'unité de la monarchie à la force et à l'amour de leurs peuples, qui les ont affranchis de la tutelle humiliante et dangereuse des grands vassaux. C'est sous le ministère du cardinal de Richelieu que les derniers coups ont été portés à la prépondérance aristocratique. Il a éteint dans le sang même de la noblesse sa gloire et sa puissance, mais non pas son ambition. Nos rois paraissent avoir oublié à qui ils doivent l'éclat de leur trône, l'élévation de leur dignité et la grandeur de leur pouvoir; et aujourd'hui, changeant imprudemment de sentiments et de conduite, embrassant une politique contraire, ils se jettent dans les rangs de l'aristocratie pour combattre leurs peuples. S'ils parvenaient à les subjuguer par les efforts de l'aristocratie, elle leur ferait payer cher ses superbes secours; elle leur demanderait le prix de sa victoire, et arracherait de leurs mains la puissance dont elle a été dépouillée. Il arriverait alors que ces rois mal conseillés, menacés de nouveau par l'orgueil et la rivalité de l'aristocratie, seraient forcés de redemander à leurs peuples les mêmes secours qui les ont soustraits à sa cruelle domination.

Voilà l'histoire des rois de France en vingt lignes. Je vous découvre ainsi pourquoi il n'y eut jamais d'attentat populaire contre nos rois, c'est qu'ils faisaient cause commune avec leurs peuples. Je vous découvre aussi la cause des deux attentats imputés à la haine populaire, c'est que nos rois, soupçonnés d'abandonner les intérêts de leurs peuples, ont paru faire cause commune avec l'aristocratie.

Nous devons donc prévoir que désormais les dangers seront du côté du peuple, si les rois se maintiennent dans cette imprudente politique où les ont engagés des conseillérs de la couronne aussi ignorants des choses passées qu'inhabiles aux choses présentes.

De tant d'hommes qui étudient l'histoire, lui dis-je, combien peu savent en tirer une aussi solide instruction! Pour moi, je ne crains pas de dire que j'aime beaucoup mieux vous l'entendre commenter que de la lire moi-même. Vous faites voir jusqu'à la démonstration que la tendance nécessaire de l'aristocratie est de subjuguer tout ensemble les rois et les peuples que la menace d'un même danger devrait rendre inséparables, et dont l'union est commandée par la nécessité d'une égale et même résistance. A prendre les choses par les apparences, il semblerait que l'aristocratie est le seul appui de la couronne; du moins elle le dit, elle s'en vante, et beaucoup le croient, la voyant autour du trône. Elle va même jusqu'à prétendre qu'elle est le seul garant de la légitimité.

Les apparences, reprit-il, sont pour l'ignorant vulgaire qui n'examine point les faits et ne pénètre point les intentions. Si nous voulons aussi en croire les apparences, qu'y a-t-il de plus humble que la morale des prêtres? Cependant cette humilité dispute à l'aristocratie toutes ses prééminences, et s'élève au-dessus des rois mêmes. Mais pour détruire les allégations de l'aristocratie, qui étale si fastueusement aujourd'hui le dogme de la légitimité, il ne faut que le vouloir. Qu'elle réponde : que faisait-elle de ce dogme, quand elle voulait détrôner Henri IV qui était roi si légitime ? Était-ce le peuple alors, ou la noblesse catholique, qui était révolutionnaire ? N'y a-t-il pas eu des temps où elle a disposé de la couronne à son gré ? Et pour nous rapprocher du nôtre, était-elle fidèle à son dogme de la légitimité, quand elle offrait ses services à Napoléon qui était si peu légitime, et qu'elle voulait être l'ornement de son trône, ne pouvant obtenir l'honneur d'en être l'appui ? Méprisons ce vain langage, et croyez que l'aristocratie s'accommode de tout, pourvu que son orgueil soit satisfait. Elle n'a que ce seul sentiment, et pour lui et par lui, elle ferait fléchir toutes les considérations humaines; et lorsque vous l'entendez à la Chambre vanter son patriotisme français, loin d'en être dupe, croyez avec moi qu'elle renierait sa patrie, si elle ne pouvait y mettre en vigueur son dogme des priviléges et des supériorités sociales. C'est le seul dogme auquel elle est toujours fidèle, car sa nature n'est qu'orgueil.

Je veux, poursuivit-il, vous faire voir jusqu'à quel degré d'extravagance et d'inhumanité cette passion peut emporter les hommes; à peine oserez-vous me croire: au temps de l'émigration, un courtisan (la prudence me défend de le nommer), disant au roi que la révolution de France n'avait été faite que par les roturiers, lui donna le conseil, pour les punir et les avilir à jamais, *de ne monter dans son carrosse qu'en mettant le pied sur le dos d'un bourgeois*. Tel était, selon ce noble courtisan, l'insupportable outrage que le roi, à sa rentrée, devait faire à trente millions d'hommes destinés à être le marchepied d'un homme. Ah! m'écriai-je, quelle horreur et quel délire! Soyez assuré, reprit-il, que ce conseil eût paru admirable à toute l'aristocratie de France.

Mais, lui dis-je, vous devez avoir en bien haute estime ceux qui sont nés dans le sein même et dans les premiers rangs de cette aristocratie, et qui ont assez de grandeur d'âme pour s'élever au-dessus d'un préjugé si puissant et si flatteur?

Ce n'est point à ces âmes élevées, dit-il, que nous disputons la noblesse. Elle leur est bien acquise, et nous voudrions l'agrandir encore, s'il était possible. Nous ne pouvons trop louer ni trop honorer ces grands citoyens qui reconnaissant la dignité de l'homme et la justice de la cause populaire, s'en font les soutiens, comme ils en sont l'honneur. Leur noblesse ne nous porte point ombrage, car ils ne nous empêchent pas de l'acquérir comme eux. Ils ne nous tracent point un cercle humiliant où nous devions rester. Ils nous appellent à leur hauteur, bien loin de nous précipiter. Ils nous traitent en hommes qui peuvent devenir dignes d'être leurs égaux. Ils rendent ce témoignage public que la vraie noblesse est dans le cœur, dans les vertus, dans les services, et que la noblesse de naissance est la chimère de ceux qui sont incapables d'en mériter une autre.

Ce serait ici le lieu de vous faire connaître l'esprit politique des grandes familles de France, et de vous les montrer sous un aspect qui n'a pas encore été présenté. Je percerai l'histoire à jour, et je vous ferai voir quelles sont celles qui ont été favorables ou funestes au bonheur de la nation française. Je les classerai de telle sorte que vous connaîtrez celles que nous devons ou chérir ou redouter. Je vous découvrirai les principes d'intérêt, de politique et de religion qui déterminent le caractère de ces familles, dont les unes ont toujours traité le peuple français en esclave et en tributaire; mais dont les autres, plus justes et plus humaines, l'ont traité en société de citoyens. Les unes n'ont servi que d'appui au pouvoir oppresseur; les autres ont été ses boucliers contre l'oppression. Je ne veux point aujourd'hui désigner à votre haine ces familles éternellement ennemies des droits des citoyens; mais je désignerai à votre amour et à votre reconnaissance ces familles bienveillantes et généreuses qui les ont défendus contre les efforts de l'orgueil et de la tyrannie. Gravons dans notre mémoire et dans le cœur de nos enfants les noms glorieux des Lhôpital, des Coligny, des Richelieu, des de Thou, des illustres Choiseul, des d'Ormesson, des Seguier, des Molé, des Malesherbes, des d'Aguesseau, des La Rochefoucauld. Voilà des familles chères à la France, qui ont été les appuis et les consolations de nos pères, et dont quelques unes sont encore aujourd'hui nos plus chères espérances.

Mais, dit-il, le temps nous gagne. Dans un autre jour, et quand nous aurons de nouveaux loisirs, nous en parlerons avec plus d'étendue. Là-dessus, nous nous quittâmes, avec le désir de nous rejoindre au plus tôt.

Vous remarquerez, monsieur, que dans cet entretien j'ai peu parlé. J'étais si attentif à tout ce que j'entendais, que mon esprit était comme en arrêt. Je suis assuré que vous y prendrez autant de plaisir que moi.

Je suis, monsieur, etc., etc.

LETTRE VII.

De Paris, août 1824.

MONSIEUR,

Je suis encore si étourdi de l'attaque dont je viens d'être témoin, que je ne sais si je pourrai mettre beaucoup d'ordre dans la lettre que je vous écris aujourd'hui. Je me trouve rarement dans des occasions où je vois de l'emportement ; vous remarquerez même que mes deux amis, dans leurs expressions les plus vives, gardent cependant une certaine mesure ; mais ce matin, étant allé voir mon ami le royaliste, j'ai rencontré chez lui un personnage atrabilaire qui, jetant sa colère sur les ministres, les a foudroyés d'une éloquence toute nouvelle. C'est le mot propre, monsieur; car ses paroles étaient des foudres et des éclairs. Vous auriez eu peine à croire qu'il fût du parti des royalistes: il en est cependant; mais vous savez qu'il existe entre eux une si grande diversité d'opinions et de volontés, qu'il ne sera jamais possible d'en faire un corps bien lié et en harmonie; c'est ce qui fait même que ce parti serait si peu redoutable, si le pouvoir n'était dans ses mains.

Je n'ai point vu le commencement de cette scène; mais j'en ai assez entendu, et plus, je crois, que les ministres n'en voudraient entendre. J'ai bien remarqué qu'il faisait quelque distinction entre eux: vous pourrez la faire vous-même, et juger sur quelles têtes cet orage est tombé plus directement. Après avoir témoigné son mécontentement et son mépris de leur conduite politique, « Qui sont ces hommes, dit-il, qui ont pris » le timon de l'état? Qui leur a enseigné l'art » si sublime et si difficile de conduire les » esprits et les cœurs? A-t-on pu appliquer » de si petits hommes à de si grandes cir- » constances? Apprend-on à devenir ministre » dans l'étude d'un procureur ou d'un no- » taire? N'est-ce pas la même main qui fait » les grands cœurs, qui fait les grands minis- » tres? Que pouvez-vous attendre d'une âme » commune nourrie d'une éducation popu- » laire? Quoi de plus funeste aux rois et aux » peuples que des hommes médiocres dans » des fonctions sublimes?

» Malheureuse condition des rois, s'est-il » écrié, à qui on jette des ministres qui leur

» sont imposés par les factions et les courti-
» sans ! Déplorable nécessité de leur cœur
» royal et magnanime, de se trouver en con-
» tact obligé avec des esprits bornés et des
» âmes rétrécies, qui remplissent le gouver-
» nement de sentiments vulgaires et mépri-
» sables, et font descendre le trône jusqu'à
» eux, ne pouvant s'élever jusqu'à lui ! Cer-
» tes, si je comprends bien la royauté, elle
» est la source de tous les sentiments les plus
» nobles et les plus généreux, et lorsqu'ils
» ne découlent point de cette hauteur, c'est
» que les cœurs des rois sont comprimés et
» fermés par des mains misérables. Ainsi, à
» la place de ces élans sublimes et consolants
» qui sortiraient de ces nobles cœurs, nous
» ne voyons que les viles passions de ceux
» qui les environnent, les vengeances, les
» délations, les persécutions, l'intolérance,

» en un mot, tout ce qui s'engendre dans les » petites âmes. Entrerait-il dans l'esprit d'un » roi de diviser ses sujets en catégories, en » royalistes purs, en royalistes modérés, en » libéraux, en jacobins ? Ce ne peut être » l'œuvre que de ministres qui portent dans » cette région élevée l'esprit de coterie et de » province, et tous les bas préjugés de leur » étroite société.

» Quand Napoléon étendait son bras sur » l'Europe, ses ministres venaient-ils lui dire » qu'il y avait dans l'empire des émigrés, » des Vendéens, des républicains, des bour- » bonnistes ? Que lui importait ? il n'en avait » nul soin : tous obéissaient ; tous prenaient » la pensée de son gouvernement ; tous » étaient emportés par le mouvement qu'il » imprimait. Voilà régner !

» Appellerez-vous de ce nom ce qui se passe

» sous nos yeux ? Est-ce gouverner que de
» violenter la société, briser toutes les exis-
» tences, ranger les partis en bataille, faire
» un pouvoir de la délation, avilir tous les
» fonctionnaires, ne conduire les hommes
» que par la menace, les forcer à l'hypocri-
» sie, établir l'inquisition civile et religieuse,
» saisir toutes les bassesses du cœur humain
» pour les mettre à profit, jeter la corrup-
» tion dans toutes les veines du corps social,
» alarmer la morale des nations par l'infâme
» triomphe de la séduction et de la fraude,
» et fonder un art politique sur les vices et
» la méchanceté des hommes ? Voilà pour-
» tant le trop fidèle tableau de la France !
» Voilà les belles œuvres de vos ministres !
» Est-ce ainsi que l'on conduit des peuples
» éclairés ? Sont-ils ministres d'un roi de
» France ou d'un roi d'Afrique ?

» Noble peuple français, ajouta-t-il avec un
» accent plus élevé, peuple magnanime, qu'un
» gouvernement généreux et juste ferait voler
» aux extrémités du monde par un seul mou-
» vement de tête, tes belles et hautes desti-
» nées devaient-elles tomber et périr en des
» mains si basses et si honteuses ! »

En disant ces derniers mots, il est sorti brusquement, et comme emporté par son indignation, laissant mon ami le royaliste un peu embarrassé, et moi immobile et stupéfait d'un discours aussi fulminant, et auquel peut-être il n'y avait pas trop à répondre.

Revenu de ma surprise, quel est, dis-je, ce terrible adversaire des ministres ? Quelle force de langage ! quelle hauteur de sentiments ! quelle éloquence dédaigneuse ! quelle écrasante philippique ! Ce n'est pas là un ennemi du commun ; si les ministres en avaient beaucoup de cette espèce dans la Chambre, ils ne pourraient envisager la tribune, et ils n'auraient rien de mieux à faire que de rentrer au plus tôt dans la poussière de la Gascogne et de la Bretagne. Mais vient-il vous voir souvent ? — Quelquefois. — Je serais bien charmé de le rencontrer encore ; car j'aime la haute expression et les sentiments hardis.

Celui que vous venez d'entendre, me dit-il, est un ancien et fort bon royaliste ; mais il ne l'est pas selon nos principes. Il appartient au système de M. de Richelieu, et vous voyez que tout ce qu'il dit est empreint de la noblesse et de la magnanimité qui était le caractère distinctif de la politique de ce ministre. Je veux bien avouer que ce système était très favorable au bonheur de la

France et à nos rois mêmes; mais il était funeste à notre parti, et tout-à-fait contraire à nos plus grands intérêts. Le duc de Richelieu avait des vues générales, et nous en avons de particulières. Son âme indépendante ne voulait appartenir à personne. Il s'était placé au-dessus des hommes et des partis, et prétendait gouverner comme d'une région supérieure. Cette hauteur nous écrasait; nous l'avons fait tomber de son élévation, qui faisait obstacle à la nôtre. Ce ministre affectait de traiter les Français comme s'ils étaient une nation de tous gentilshommes, ou comme si les gentilshommes étaient de niveau avec tous les gens du royaume.

Il ne voulait nous donner aucune préférence marquée, ne nous laissant de chances favorables dans l'état qu'aux mêmes conditions des autres hommes ; ce qui obligeait les royalistes à de nouveaux services qu'ils ne pouvaient rendre, et à de nouveaux talents qu'ils ne pouvaient acquérir. Cela était tout-à-fait injuste et humiliant : injuste, car c'est contre nous que la révolution a été faite, et par conséquent c'est pour nous que la contre-révolution doit se faire ; humiliant, parce-qu'étant nés dans des rangs supérieurs, il était odieux de nous refouler dans le milieu de la nation.

Il est certain, dis-je, que c'était jeter les royalistes dans une fâcheuse extrémité, et les exposer à de cruelles humiliations, que de leur demander les talents et le savoir qu'on est en droit d'exiger des autres hommes.

Je suis bien aise, reprit-il, que cela vous paraisse injuste. Les talents et le savoir étaient autrefois les moyens des gens de rien qui avaient à se faire jour dans le monde. Ils étaient obligés de les acquérir, s'ils voulaient corriger un peu la bassesse de leur fortune; mais ces avantages ne pouvaient être en estime parmi nous, dont la condition était toute faite en naissant, et qui avec notre nom seul prenions rang dans l'état et nous emparions de droit des charges civiles et militaires : ce n'était point les hommes, c'était les noms qu'on plaçait dans les cadres. Toute la noblesse française était élevée dans le mépris et l'aversion des lettres, comme le témoigne l'ancien maréchal de Brissac, nourri dans cette aversion, mais qui eut la fantaisie de s'en repentir : c'est pourquoi vous remarquez dans notre parti tant d'hommes dépourvus de ce mérite, qu'ils abandonnaient aux classes subalternes; mais cette ignorance même était la distinction de ces temps-là. La qualité répondait à tout; et valait plus que tout. Cet avantage était tellement considérable, et il est redevenu d'un si grand prix, sous le ministère actuel, que vous ne trouveriez pas en France un seul gentilhomme qui voulût échanger sa qualité pour tout le savoir de M. Cuvier et de M. Royer-Collard. Vous voyez même qu'à la Chambre la plupart des nôtres se font honneur de ne pas même essayer l'éloquence : ils l'accusent d'avoir une origine populaire; ils ne voudraient pas que la leur allât plus loin que ces mots, *l'ordre du jour*, *la clôture*, *vive le roi quand même*; mais c'est le style de Sparte, où l'éloquence était en mépris. Chaque mot porte coup; il renferme ou renverse une loi, ou c'est le cri de guerre contre nos ennemis. Toute l'histoire de France depuis deux ans est dans ces seuls mots. Et qu'avons-nous besoin de plus? Le ministère a su nous faire une majorité matérielle qui peut défier et vaincre toutes les minorités spirituelles.

Je vous interromps ici, lui dis-je, pour vous faire remarquer combien j'avais raison, dans nos précédents entretiens, de vous reprocher votre ingratitude envers les ministres. Quels services plus signalés pouvaient-ils vous rendre que ceux dont vous venez de parler?

Ce n'est point assez, dit-il, de nous les avoir rendus, il faut nous les assurer. Eh, n'êtes-vous pas, lui dis-je, en pleine possession et en jouissance entière de ces faveurs si extraordinaires auxquelles vous paraissiez avoir renoncé pour toujours? Et qui aurait jamais seulement soupçonné qu'il eût été possible de vous les rendre? Non, vous n'aurez jamais assez d'encens pour vos ministres ; vous devriez leur élever des statues dans toutes les nobles villes du royaume. Et d'ailleurs, sont-ils au bout de leur carrière ? savez-vous quel avenir vous est promis. Certes, s'il faut conclure de la fin par les commencements, quelle ne sera pas la destinée d'un parti qui, à son début, est déjà rentré dans toute sa gloire, et qui semble n'avoir plus d'autres soins à prendre que de la rendre inattaquable ! Et quels efforts même avez-vous à faire ? vous n'avez que des ordres à donner. Vous avez des ministres qui n'oseraient vous désobéir ; vous disposez à votre gré de la toute-puissance du premier ministre : elle est immense, et telle qu'on peut dire qu'il a une *royauté sans couronne*, ainsi qu'on le disait autrefois des commandants de la garde prétorienne. Ce ministre peut ce qu'il veut, et il veut ce que vous voulez.

Je suis charmé, me dit-il, que vous preniez feu pour nos ministres, et il ne m'en coûtera pas d'avouer que notre impatience nous rend quelquefois injustes. Les partisans de la politique de M. de Richelieu peuvent à bon droit les traiter comme ils font. Le ministère étant aristocratique, et non pas national, ce sont nos ministres, et non pas les leurs : nous pouvons quelquefois être mécontents d'eux, comme ils peuvent l'être de nous ; mais ce sont des querelles de famille, qui n'ont aucune importance, et qui ne font obstacle ni à l'estime, ni aux bienfaits réciproques, ni à l'ensemble de nos projets ; et ici, continua-t-il, je veux bien vous confier le plan que nous avons arrêté, de concert avec eux, pour cimenter le gouvernement aristocratique, le lier dans toutes ses parties, réduire tous ses mouvements à un seul ressort, et pour l'asseoir enfin sur la tête de ses ennemis et du peuple, et faire une monarchie de marbre; car c'est ainsi que doit être l'édifice de la monarchie française. Nous appliquerons aux temps futurs l'expérience même de la révolution, et surtout cette maxime d'un roi qui devrait être sujet : *Il faut gouverner les Français avec une main de fer, couverte d'un gant de velours.* Mais prêtez-moi votre attention, et ne perdez pas de vue que nos plans ne sont que provisoires, et ne seront en vigueur que jusqu'au jour où nous prendrons un parti sur la charte, dont je vous parlerai tout à l'heure.

Vous avez vu, sous les ministères précédents, l'administration livrée à toute espèce de gens, sans distinction de rang et de naissance : maintenant, les préfectures et les sous-préfectures ne seront plus que dans la main des gentilshommes; ainsi, par cette unité, d'un seul bras nous embrassons la France: l'accord des mêmes intérêts fera l'accord de l'administration. Vous voyez d'un coup d'œil ce bel ensemble de tous les agents du gouvernement, qui n'ont qu'une pensée, et dont tous les mouvements ne sont qu'une action....

Voilà, dis-je, une idée principale admirable; c'est là savoir poser des bases. Il est certain que des préfets de toute condition étaient contraires à un système d'unité, et qu'ils ressemblaient plutôt à des pierres détachées et mal assorties qu'à un véritable édifice.

Nous aurions bien voulu d'un seul coup, dit-il, faire disparaître cette marqueterie; mais nous avons craint que le peuple n'en fit trop promptement l'observation. Tous les dangers ne sont pas encore passés: nous tolérerons donc encore pendant un temps quelques préfets sans nom, à qui nous promettons des lettres de noblesse pour les attacher à nous, et ils sont assez vains pour nous rester fidèles : c'est ainsi que nous avons lié les trois ministres qui nous sont dévoués. On ne se trompe jamais, quand on calcule sur la vanité bourgeoise, et lorsque de ces trois plébéiens nous avons fait trois comtes, nous savions bien que nous augmentions de trois zélés combattants notre armée aristocratique. Nous sourions quelquefois, au Pavillon, de la manière dont ces titres sont appliqués et portés; mais il nous suffit qu'ils prennent la chose au sérieux.

Ce choix de préfets gentilshommes* sera surtout fort agréable aux gouverneurs et aux lieutenants-généraux des provinces, que nous prenons dans la haute noblesse, et qui souffraient impatiemment de se trouver comme de pair avec des hommes sans condition, dont la présence les blessait. De tels hommes, quel que soit d'ailleurs leur mérite, doivent être rejetés dans les bas degrés de la société. Sous les rois de France, la naissance règle tout; eux-mêmes lui doivent tout, et ils ne souffriront jamais qu'on porte atteinte à ce grand principe de leur monarchie : c'est en le conservant dans sa pureté qu'ils ont montré la grandeur et l'habileté de leur politique; ainsi les convenances, qui sont une partie essentielle du gouvernement aristocratique, seront observées.

Bien, lui dis-je, vous voilà déjà en mesure pour les deux administrations civile et militaire; c'était là qu'étaient les plus grandes difficultés : il ne vous reste qu'à pourvoir à l'ordre ecclésiastique et à l'ordre judiciaire.

Quant à l'ordre ecclésiastique, continua-t-il, bien loin d'y rencontrer des obstacles, c'est dans son zèle que nous trouvons les plus puissants secours. Non seulement le clergé bénit nos armes, mais lui-même est armé. Il est partout, au centre et aux extrémités; il s'agite en tous lieux et en tous sens, mais avec tant de secret et d'harmonie, que ce grand corps si animé paraît sans mouvement. Le clergé est pour nous comme ces armées célestes qui étaient cachées dans la nue, et qui, invisibles aux yeux des infidèles, combattaient pour nos ancêtres de la Terre-Sainte. Tous les confessionnaux de France sont ses chambres de conseil; de là sortent ses arrêts silencieux. Rien ne représente mieux la puissance divine que ces ordres pris, donnés, exécutés, et jamais entendus, semblables aux lois de l'univers, auxquelles l'univers obéit, sans voir la main qui le régit : ce qui démontre bien la vérité de cette double proposition : *Dieu est pontife*, et *le pontife est Dieu.* Nos jeunes prêtres sont nourris dans l'exaltation, et montrent plus d'ardeur que n'en avaient les plus hardis chrétiens de la Ligue; ils sont prêts à tout, et vous verrez sortir du sein de cette brûlante et sainte jeunesse des vengeurs non moins déterminés que ceux qui sortirent jadis, tout enflammés et tout armés, des anciennes et redoutables *chambres de méditations.*

Mais, lui dis-je, voilà des matériaux et des ouvriers beaucoup plus qu'il ne vous en faut pour reconstruire toutes les façades de la France.

Écoutez, écoutez, me dit-il; vous croyez toujours que tout est fait : je vois que dans nos conseils vous pécheriez contre la prudence. Nous ne nous sommes point bornés à réchauffer l'ancien clergé, et à exaspérer le nouveau; nous avons formé dans le sein même de la société une congrégation secrète demi-séculière et demi-religieuse pour la jeunesse mondaine. Des comtes, des marquis, des ducs, des chefs de haute police, sont les généraux invisibles de cette muette congrégation; c'est dans son sein que sont choisis nos jeunes fonctionnaires. Nous comptons en ce moment un très grand nombre de congréganistes, qui appartiennent à tous les rangs de la société. Nous moissonnons dans toutes les familles; nous avons des maisons d'éducation où se forment de bonne heure ces nouveaux *chevaliers de la Vierge*. Ce second clergé, ou ce clergé civil, est la création la plus importante des temps actuels; il est destiné à remplir les fonctions administratives et judiciaires. Et ne croyez pas qu'il y ait de la confusion dans la marche de ces grands Corps; il y règne un ordre parfait. Ce second clergé est dans la dépendance du premier; le premier clergé est dans la dépendance des jésuites, qui forment un corps distinct; les jésuites reçoivent les ordres de la cour de Rome, et c'est toujours du Capitole que partent les destinées du monde.

Je suis émerveillé, lui dis-je, de tout ce que vous m'apprenez. Vous me découvrez la France, que je ne voyais pas : son organisation apparente n'est que matérielle; sa vie est dans son organisation mystérieuse, qui échappe aux yeux vulgaires. Si les royalistes n'ont point inventé toutes ces merveilles, ils ont du moins l'honneur d'avoir trouvé les hommes qui les ont produites. Combien j'ai de grâces à vous rendre de me faire connaître les ressorts cachés et le jeu de cette grande machine, et de me faire descendre dans cette monarchie souterraine dont le mécanisme est si admirable.

Si nous avons fait des merveilles, reprit-il, nous avons aussi fait de grandes fautes; c'en est une que nous avons peine à nous pardonner d'avoir placé au ministère de la justice l'homme rare et précieux qui le dirige en ce moment. Cette faute consiste en ce que presque tous les fonctionnaires de ce département sont inamovibles, et que ce grand partisan ne peut exercer contre eux sa bravoure enchaînée. Son glaive est levé, mais il menace plus qu'il ne frappe; sa colère n'a pu s'abattre que sur de misérables juges de paix; mais c'est comme les tyrans qui s'enfermaient pour tuer des mouches. Cet ardent défenseur de notre cause est le plus avide de destructions : vous l'entendez aux chambres. Quoiqu'il ne soit pourvu d'aucun talent, il a pourtant su se créer une éloquence toute de menaces; il n'ouvre la bouche que pour demander le sang ou la ruine de tout ce qui est libéral : tout ce qui a vie de ce nom là irrite son zèle impitoyable.

Ah! c'est bien lui qui aurait incendié la vieille Rome, pour le plaisir de la détruire et l'honneur de la rebâtir; mais son intrépidité est presque oisive. Si nous lui avions livré le ministère de l'intérieur, il n'aurait pas laissé pierre sur pierre dans le royaume; et vous auriez déjà une France nouvelle, vierge et pure comme la main de son créateur.

Ne croyez pas cependant que nous soyons mécontents de celui qui a ce département; nous en sommes au contraire très satisfaits : il a le véritable esprit de persécution, toute sa joie est dans le désespoir de nos ennemis; il rafraîchit son cœur sec avec les larmes des libéraux. A la vérité, c'est une tête étroite qu'il n'est pas possible d'élargir; mais d'ailleurs il a des qualités admirables pour les circonstances où nous sommes.

Mais revenons au garde des sceaux, qui nous rend de si éminents services dans sa haute magistrature; son joug de fer pèse sur tous les tribunaux; il est la terreur des procureurs généraux et des procureurs du roi : ses mains sont tellement occupées à aiguiser son glaive, qu'il oublie la balance qu'il doit tenir dans l'une des deux; il dirige les tribunaux criminels et les assises, et partage avec le préfet de police le département des cachots.

Vous voyez que l'ordre judiciaire ne peut nous donner d'inquiétude, étant confié à des mains si fermes, et qui ne demandent qu'à se teindre du sang de nos ennemis. Ce ministre peut nous sauver de bien des dangers. Vous savez combien la magistrature française nous est redoutable par sa vaste science, son esprit de justice et d'indépendance, et son immense considération. Ces vertus populaires font ombrage aux hommes monarchiques, qui ne connaissent d'autre vertu que l'obéissance, et qui veulent une magistrature flexible, selon l'esprit de nos meilleurs rois. Nous espérons que ce ministre, par des moyens qui lui sont propres, parviendra à ternir cet éclat qui nous blesse, à affaiblir sa dangereuse influence, et à lui ravir, s'il lui est possible, sa trop grande considération. C'est déjà lui avoir porté une assez vive atteinte que d'avoir fait ce ministre chef de ce grand corps ; car il y a d'habiles gens parmi nous qui prétendent que pour détruire la considération des grands corps, c'est le chef-d'œuvre de la politique de placer à leur tête des hommes qui n'en ont point, ainsi que nous avons fait pour l'université et l'ordre judiciaire.

Nous n'avons point, ajouta-t-il, approfondi l'administration militaire, ni passé l'armée en revue : c'est un point fort délicat, qui sera le sujet d'un autre entretien. Vous verrez que je ne partage point tout-à-fait les sentiments de ceux qui placent de ce côté leurs plus grandes espérances. Je conviens que l'armée vient de se montrer favorable à nos vues dans la guerre d'Espagne ; mais des marques d'obéissance ne sont point des preuves d'attachement. Je n'ai point oublié ce mot du général Willot, *Les armées sont à ceux qui les commandent.* L'armée est bonne dans nos mains, mais elle serait peut-être meilleure dans d'autres mains : nous ne pourrons compter sur une armée dévouée que quand tous les grades militaires appartiendront exclusivement aux gentilshommes. Si la bourgeoisie est inquiétante partout, elle est bien plus dangereuse à l'armée; mais pour l'en chasser, il faut abolir les lois qui l'admettent si imprudemment aux emplois civils et militaires. Ce sera une des raisons majeures que je vous ferai valoir, quand nous traiterons de la nécessité d'anéantir la charte constitutionnelle, qui est l'arche sainte des libéraux.

C'est ici que je dois vous dire que

nous avions eu d'abord l'idée de la conserver : nous avions examiné si elle pouvait s'allier à la dignité de la noblesse et à la grandeur du clergé, et si elle donnait assez de carrière à nos communes prétentions. Quelques habiles de nos conseils avaient pensé qu'on pouvait la maintenir, et qu'avec une interprétation subtile et un sens détourné, on aurait pu la mettre en œuvre avec *les honnêtes gens* de M. Châteaubriand, c'est-à-dire *les gens comme il faut*, cela ne peut s'entendre autrement, et n'a point d'autre sens parmi nous. Mais depuis, nous avons reconnu que ce nouveau contrat social imprimait une tache au manteau royal et à la pourpre romaine, et nous avons renoncé à cette *folie* de la charte, incompatible avec la *folie* de la croix. Enfin, à l'unanimité des hommes d'état du Pavillon, la charte a été jugée un édifice informe, déjà à moitié démoli, et dont on ne doit pas laisser une seule pierre qui en rappelle le nom; car les noms ont leur danger, et font renaître les choses.

Ainsi nous ne considérons plus la charte que comme un pont de passage pour nos princes d'Angleterre en France. Je vous démontrerai qu'à nos rois seuls appartient le droit de faire des lois, qu'ils ne peuvent en aucun cas céder la puissance législative, et que leurs concessions ne peuvent lier leurs successeurs, ainsi que le prouve clairement M. de Calonne dans sa fameuse lettre au roi, du 9 février 1789.

Je me rappelle très bien, lui dis-je, cette fameuse lettre, et d'y avoir lu qu'il est sans exemple qu'un roi qui a cent cinquante mille hommes à ses ordres n'ait point repris les droits et les prérogatives dont ses ancêtres avaient joui : il y a bien peu de chose à opposer à cela.

Laissez-nous faire, reprit-il, et sans vous ajourner à un long terme, vous verrez où nous amènerons les choses.

Nous passons par la puissance royale pour arriver à la nôtre. Vous pouvez déjà mesurer nos progrès : depuis trois cents ans, l'aristocratie n'avait point vu d'aurore aussi brillante; abattue par le cardinal de Richelieu, insultée par Louvois, tremblante devant Louis XIV, peu considérée du duc de Choiseul, terrassée enfin par la révolution, deux siècles l'ont proscrite et humiliée, mais ne l'ont point anéantie : la voilà qui se relève plus forte et plus glorieuse; elle se trouve en masse armée dans la chambre des pairs et dans la chambre des députés. Le pouvoir royal n'est déjà plus que l'ombre du sien; le pouvoir populaire n'est pas même une ombre. Elle s'est placée en rempart inexpugnable entre le roi et la nation : elle les sépare et les domine; elle a la main sur le trône, et le pied sur le peuple.

Que de choses vous me dévoilez, lui dis-je, et que sans vous j'aurais long-temps ignorées! Il me semble que vous m'ouvrez le livre des destins. Quel vaste sujet de méditations!

Maintenant, il faut que je vous quitte; mais même en vous quittant je serai toujours avec vous, car les intervalles de nos entretiens sont encore remplis d'eux-mêmes. Mon esprit rejaillit sans cesse tout ce qu'il a puisé dans vos discours, et se nourrit des profondes réflexions qu'ils font naître.

Ici, monsieur, nous nous séparâmes. Fixez

toute votre attention sur cet entretien : vous y verrez où nous en sommes, et où nous allons. Je ne tarderai point à vous écrire.

Je suis, monsieur, etc., etc.

LETTRE VIII.

De Paris, septembre 1824.

Monsieur,

Encore tout surpris et tout occupé des révélations de mon ami le royaliste, pour changer un peu mes idées, et jeter les yeux sur un autre horizon, j'allai voir hier mon ami le libéral. Quand je me fis annoncer, il était dans sa bibliothèque : il m'y fit introduire, et me reçut dans ce lieu de travail, où son esprit n'est pas le moins considérable de tous ceux qu'il renferme. Il tenait ouverts devant lui plusieurs livres de l'histoire et du procès des jésuites. Il me paraît, lui dis-je, que je ne vous trouve pas là en trop bonne compagnie, quoique ce soit la Compagnie de Jésus. Je l'accorde, me répondit-il; mais convenez du moins que c'est la plus fameuse et la plus étonnante société qui ait jamais existé dans les temps anciens et modernes.

Depuis sa fatale existence, il n'y a aucun évènement important en Europe dont elle n'ait été cause ou moyen; il n'y a aucun grand crime dont elle n'ait été auteur ou complice; il n'y a point de guerre dont elle n'ait eu le secret ou la conduite; il n'y a point de conjuration contre les rois ou contre les peuples qu'elle n'ait ourdie et dirigée. Elle a enseigné et pratiqué le régicide en France, qui, avant elle, y était inconnu; elle a eu la plus grande part aux forfaits et aux malheurs de nos guerres civiles; elle a été l'âme et le nœud de toutes les ligues. Non contente d'assujettir, d'effrayer et d'ensanglanter l'Europe, elle a porté son terrible génie dans les deux Indes, et a révélé sa puissance à l'univers entier. Quand je lis son épouvantable histoire, et que je parcours cette longue série de forfaits commis au nom et à l'ombre des autels, je crains, dans l'horreur que j'en ressens, que mes cheveux ne blanchissent tout-à-coup.

Voilà, dis-je, un acte d'accusation contre les jésuites qui n'est pas long, mais qui est plein; et malheureusement il est juste.

C'est déjà, reprit-il, un acte d'assez grand courage, que d'oser même les accuser; car les jésuites, à tous leurs accusateurs, n'ont jamais eu que deux réponses, le poignard et le poison; et croyez, s'ils m'entendaient, qu'ils ne manqueraient pas de m'opposer l'un de ces deux arguments : nos rois savent qu'en dire. Le génie de cette société n'a eu rien de bien illustre : sa grande célébrité vient de ses crimes ; mais tout ce qu'elle a fait n'est pas encore ce qu'il y a de plus remarquable en elle : le merveilleux de cette redoutable société est d'être, par sa nature, indestructible, et par conséquent éternelle.

Que dites-vous là ! m'écriai-je. Quoi ! ces jésuites, condamnés et chassés par tous les rois, par tous les gouvernements d'Europe, proscrits, errants, dispersés comme les juifs ; ces jésuites, qui n'osent pas même reparaître sous ce nom, et qui se reproduisent sous le premier qu'ils ont porté ; ces *jésuites*, enfin, ou *ces pères de la foi*, qui n'ont encore ni appui déclaré, ni existence légale ; ces hommes, dites-vous, sont indestructibles ?

Je vous le répète, dit-il, ils le sont ; leur

empire est aussi durable que l'hypocrisie. L'hypocrisie est la lèpre du dernier âge; les peuples de Rome et d'Athènes ne la connaissaient pas comme elle se montre à nous. Il y a eu de tout temps des prêtres imposteurs; il y a eu de tout temps des cœurs faux et perfides : mais il nous appartient d'avoir réduit l'hypocrisie en art, en système et en gouvernement, et nous sommes encore les enfants des druides. Ce monstre est né de la religion chrétienne, affligée de l'avoir conçu. Les choses les plus pures se changent en poisons dans la main de l'homme. La vertu est rare sur la terre; mais son nom est partout. C'est sous ce nom que se cache tout ce qu'il y a de hideux dans la nature humaine; mais ce nom est tellement magique, que le crime qui sait s'en revêtir passe lui-même pour vertu, et en recueille le prix et les honneurs. Telle fut l'habileté des jésuites; telle est la science du gouvernement théocratique, où les passions, la soif de l'or et du pouvoir, et toutes les convoitises criminelles, se parent du voile sacré de la religion et de la vertu. Quoique les hommes, en général, ne soient ni bons, ni justes, il n'en est pas moins vrai que si le vice et le crime se montraient parmi eux dans toute leur nudité, ils les repousseraient avec horreur; mais ils les accueillent sous un masque embelli, et sous un nom qu'ils révèrent.

La crédulité et la superstition sont les maladies de l'esprit humain : c'est l'ignorance qui les produit; c'est elle qui les perpétue. Tout l'empire théocratique est établi sur cette ignorance, et c'est proprement l'empire des ténèbres; il croulera le jour où la raison fera briller son flambeau.

Ne vous étonnez donc pas si l'esprit théocratique fait une guerre si cruelle à la philosophie : elle est en effet sa plus redoutable ennemie. La philosophie a toujours été vaincue; mais son temps viendra d'être victorieuse. Ses progrès sont lents; les avantages qu'elle remporte paraissent peu importants; mais sa marche est certaine. Elle ne fait qu'un pas par siècle; mais elle ne recule jamais. Les blessures qu'elle fait à la théocratie ne guérissent point; elles sont toutes mortelles.

Ainsi, quand je vous dis que l'empire de l'hypocrisie est éternel, et que la durée du règne des jésuites est mesurée à la sienne, cela ne signifie pas que la France lui sera toujours et même long-temps assujettie; cela veut seulement dire que la fausse religion sera toujours à côté de la vraie, et qu'à côté de l'autel de Dieu, il y aura l'autel des prêtres. Dans la célèbre révolution de la Réforme, l'autel des prêtres a été brisé; l'autel de Dieu a été seul conservé. L'empire théocratique fut détruit dans la plus grande partie de l'Europe. Il a disparu un moment de la France: il s'y relève; mais le premier coup lui a été porté, et un jour il y sera renversé tout-à-fait. Sa destinée future est de succomber dans l'Occident, et de repasser en Orient, lieu de sa naissance.

C'est peut-être, lui dis-je, par une prévision lointaine que les souverains de Rome ont voulu faire reconnaître leur suprématie aux patriarches d'Orient, dans la pensée que si leur empire croulait en Europe, ils le trouveraient tout établi dans l'Asie. Vous savez qu'ils chargèrent de cette intrigue épineuse leurs fidèles jésuites, si propres aux négociations de ces contrées.

Cette pensée est profonde, dit-il, et digne de la cour de Rome. Ils y échouèrent; mais jusqu'ici ils ont bien des motifs de s'en consoler. En ce moment, ils tournent bien moins les yeux vers l'Orient que vers l'Occident. Ils les tournent vers cette France, source de leur grandeur; vers cette France, inexplicable séjour de la plus haute philosophie et de la plus basse superstition. La cour de Rome y rétablit son joug humiliant avec plus de succès que dans les premiers siècles; mais disons, pour la consolation de la philosophie, et pour l'honneur de tant d'hommes célèbres à qui la France a donné le jour, que le pouvoir théocratique n'a plus sa racine dans les cœurs, et que tout son triomphe se borne à s'unir au pouvoir des rois pour imposer aux hommes le silence de la raison subjuguée par la force. Et en effet, la France éclairée se tait; elle observe attentivement les progrès de la puissance romaine, relevée par l'imprudence de nos rois, de ces rois qui, il n'y a qu'un jour, ont été outragés et dépossédés par elle.

Ce n'est pas, lui dis-je, un des évènements les moins remarquables de l'histoire contemporaine; et, je veux bien vous l'avouer, j'avais cru que nos rois ne lui auraient jamais pardonné cet outrage. Il n'est point effacé par le temps; ce ne sont point nos pères, c'est nous qui avons entendu le chef suprême de la religion, du haut du trône pontifical, déclarer à toutes les nations chrétiennes que Dieu rejetait la race des Bourbons, et voulait que leur sceptre passât dans les mains de Napoléon, nommé par lui le *nouveau David*.

Cette sentence, moins qu'humaine, a passé pour divine; et par qui a-t-elle été prononcée? par ces souverains pontifes qui doivent leur sceptre à celui de France, et qui, comme l'a dit le chancelier de l'Hospital, à prendre date de son temps, auraient disparu de la terre depuis huit cents ans, sans la protection de nos rois.

Vous citez un nom qui m'est bien cher, me dit-il, et qui doit l'être à toute la nation française, tant qu'elle subsistera sur la terre. C'est à ce grand homme qu'elle doit de n'avoir pas vu s'établir dans son sein le sanglant tribunal de l'inquisition. Que son nom soit immortel, et qu'il soit béni des plus lointaines générations! Mais, pour ne pas m'éloigner de vos réflexions, il n'est que trop vrai que les souverains pontifes ont brisé la couronne de ceux qui leur ont donné la tiare. Un murmure universel s'est élevé contre cette monstrueuse ingratitude: les voix de l'Orient se sont réunies aux voix de l'Occident pour exprimer la même indignation. Pour de moindres motifs, l'Angleterre catholique est devenue protestante. Cette ingratitude semblait devoir être suivie d'un châtiment égal à son énormité. Il n'y a point de crime plus impardonnable; il fait entrer la colère dans les cœurs les plus magnanimes. Aucune vertu ne lui résiste; il légitime la vengeance, et justifie tout ce qu'elle ose. C'est à une ingratitude de François Ier envers le connétable de Bourbon que ce prince a dû presque tous les malheurs de son règne.

Cependant, cette ingratitude des souverains pontifes n'a point ému nos rois : ils ont paru insensibles à l'outrage ; ils n'ont fait entendre ni reproche ni plainte. Trahis par le chef suprême de l'Église, il va sans dire qu'ils l'ont été par tout le clergé de France : et cependant nos rois ne s'en souviennent plus ; ils le comblent de biens et d'honneurs, comme un clergé fidèle. Telle est la prérogative des prêtres. Ils ne font rien d'humain : toutes leurs actions sont divines. Ce fut un acte divin de rejeter nos rois : c'est un acte divin de les rappeler. Si nous les accusons, si nous les interrogeons, ils nous renvoient à Dieu. Dieu avait commandé l'outrage ; Dieu aujourd'hui commande l'adoration : et leur justification est complète ; car la preuve que Dieu permet tout, c'est que nos rois bénissent tout.

Mais, lui dis-je, j'aime à chercher la

cause de toutes choses : il y a un secret dans ce silence; il y a un motif dans ce pardon; il y a une politique mystérieuse dans cette étrange et nouvelle intimité du pouvoir sacerdotal et du pouvoir royal; car, à juger des choses par leur cours ordinaire, et par la connaissance du cœur humain, tous les liens devraient être rompus entre ces deux pouvoirs.

C'est précisément, répondit-il, par la connaissance du cœur humain qu'il en faut juger autrement. Quand les affections et les devoirs devraient séparer les hommes, l'intérêt les rapproche. Et en est-il un plus grand que l'intérêt du pouvoir? Nos rois ont cru que leur puissance morale était détruite parmi leurs peuples, et ils croient qu'ils ne peuvent la rétablir que par la puissance religieuse. Les prêtres, à leur tour, ont vu la puissance religieuse menacée de sa chute par les lumières du siècle : ils ont offert aux rois l'union de leurs forces réciproques. C'est un échange de secours et de bienfaits. Ils leur rappellent que la bienveillance sacerdotale leur a donné le pouvoir absolu, qui, avant l'autorité de l'Église, n'existait point dans l'Europe, et que leurs peuples jamais ne leur auraient accordé ; ils leur représentent qu'eux seuls peuvent leur rendre ce pouvoir absolu qui leur a été arraché. Et voyez combien les avantages sont immenses des deux parts : car, si les prêtres donnent aux rois le pouvoir absolu sur les peuples, ils prennent à leur tour le pouvoir absolu sur les rois. Et, puisque nous en sommes venus jusque là, je veux frapper votre esprit d'une profonde observation, à laquelle je ne m'arrête jamais sans alarmes et sans tristesse.

Avez-vous quelquefois réfléchi, me dit-il, sur la nature de la religion romaine, si étrangère à la religion chrétienne, dont elle usurpe le nom ? Votre esprit a-t-il pénétré dans le mystérieux sanctuaire du Vatican, de ce nouveau Capitole, d'où part la volonté de ceux qui veulent soumettre toutes les volontés, où règne cette autorité surnaturelle, fondée sur la faiblesse de l'esprit humain, qui veut s'assujettir toutes les puissances de la terre, qui prétend régler les gouvernements des peuples, et qui ne reconnaît pour légitime que son intolérable despotisme ?

Eh bien ! voilà la grande pensée qui m'afflige : c'est que la religion romaine et les libertés publiques ne peuvent exister ensemble. Ce sont deux grands arbres qui ne croissent point sur le même sol ; je n'en connais point d'exemple. Jetons les yeux sur la carte du monde chrétien ; passons en revue les peuples libres et les peuples esclaves : vous verrez que là où il y a des libertés publiques, c'est que la religion romaine en a été chassée, et que là où les prêtres romains font dominer leur religion, ils en ont chassé les libertés publiques ; car ils sont bien moins les docteurs de la loi que les docteurs de la servitude, et cette vérité historique incontestable se trouve renfermée dans un mot d'un jeune et fougueux ultramontain : *La chaire et la tribune ne peuvent subsister ensemble et vis-à-vis l'une de l'autre.* Il l'a dit ; mais en le disant il instruit les peuples de leurs destinées, et en même temps de leurs devoirs. Ainsi il faut opter entre la liberté publique et la religion romaine ; car l'une n'a point de vie auprès de l'autre. Et de fait, la religion romaine ayant détruit les anciennes libertés des peuples de l'Europe, il va de conséquence qu'elle détruira les nouvelles.

Ainsi, nous nous débattons en vain. Nous voulons une constitution qui est une émanation du pouvoir et du droit des peuples, dans un pays où la religion dénie le pouvoir des hommes, et ne reconnaît que le droit et le pouvoir divins. Nous plaçons la tribune vis-à-vis de la chaire, dont le langage est tout-à-fait contraire. Nous avons constitué des libertés, et nous admettons le pouvoir de la cour de Rome, dont la politique entière est assise sur la seule maxime du pouvoir absolu. La France n'aura donc fait qu'un songe trompeur. Elle touche à son réveil; mais ses yeux ne s'ouvriront que pour pleurer la perte de sa gloire et de ses libertés.

Je ne pense pas, lui dis-je, qu'aucun publiciste ait encore fait cette observation remarquable ; c'est un trait de lumière qui serait le flambeau des peuples, si vous le jetiez dans le monde. Il donnerait une base plus assurée aux systèmes politiques ; il empêcherait d'y introduire des pouvoirs qui se repoussent ; d'y mêler des influences ennemies qui se détruisent d'elles-mêmes, et de jeter la confusion dans les gouvernements par l'assemblage d'éléments qui se combattent, et dont le choc les fait plutôt ressembler à un chaos qu'à une création.

Vous en aurez, ajouta-t-il, une expérience convaincante et prochaine. Les républiques américaines viennent d'être fondées ; je vous prédis qu'elles ne subsisteront pas. Leurs aveugles fondateurs y ont laissé le germe de leur destruction : ils y ont établi la religion romaine dominante :

ils les ont frappées de mort à leur naissance.

Mais, dis-je, la découverte de cette triste vérité me ramène à mes premières craintes sur le sort de la cause libérale; et vous dites vous-même que la France n'a fait que le rêve de la liberté, et qu'elle se réveille dans la honte et la captivité.

Je l'ai dit, sans doute, reprit-il; mais je ferai comme les anciens prophètes, qui mettaient toujours la consolation à côté de la menace, et qui montraient le bonheur après avoir annoncé les calamités.

Nous sommes dans le milieu d'une guerre où les avantages sont alternativement dans une armée et dans l'autre; mais nous n'en sommes point encore au dernier engagement qui décide de la victoire. En ce moment, le parti des libertés publiques est repoussé. La petite armée du sacerdoce et de l'aristocratie, placée sur une éminence, triomphe passagèrement de tout un peuple dont les immenses forces ont été trompées et paralysées par le mensonge et l'artifice ; car ne manquez pas de remarquer que ceux qui le subjuguent, le subjuguent en son nom même, et que, pour opprimer ses libertés, ils ont eu besoin de s'en déclarer les défenseurs. Les succès de la fourberie ne sont jamais purs ; l'inquiétude les précède et les suit, et déjà vous pouvez observer que la douceur de leur triomphe est mêlée d'amertume et d'alarmes.. Leur joie est bruyante, mais son éclat même est un artifice. Ce n'est point une ivresse inspirée par le sentiment du bien public qui ne leur importe guère; c'est la joie de la haine victorieuse, c'est le cri des passions satisfaites, mais qui craignent de se voir ravir un succès obtenu par la ruse et l'imposture. N'en doutez pas, l'épouvante est restée au fond de l'âme de ces vainqueurs du peuple; leur félicité est troublée par la crainte secrète que leur gloire ne devienne infamie, et que l'autel du matin ne soit l'échafaud du soir.

En ce moment, il est vrai, ils jouissent avec ivresse des succès de la tyrannie. Ils paraissent tomber dans l'endurcissement politique; ils écoutent comme un bruit de l'air toutes les clameurs qui les assiègent; mais l'enivrement est le péril de la victoire. Ce contraste affligeant de la tristesse de tout un peuple et de la joie de son gouvernement a quelque chose de sinistre et de menaçant. Son attitude morne devant les acclamations de ses chefs est le silence de l'esclave devant son maître; mais ce silence est une colère muette qui attend son jour d'explosion. La nation trompée, qui commence à frémir, voit s'étendre sur elle cette longue chaîne forgée et préparée dans les ateliers de l'aristocratie. Immobile et comme abattue, elle contemple l'activité de ses oppresseurs; elle est comme un lion couché qui attend pour se lever que sa fureur soit assez excitée.

Il ne faut pas une lumière d'en haut, il suffit d'une pénétration commune pour prévoir qu'un gouvernement qui déclare la guerre à l'esprit et à la volonté de tout un peuple s'expose aux plus éclatants revers. Il y a folie qu'un parti qui serait contenu dans une cour de palais veuille tenir tête à une nation immense qui couvre la surface de la France. Que manque-t-il à ce peuple indigné pour mettre ses ennemis en poussière? un évènement, une occasion, et le temps en contient mille. Les révolutions ne s'accomplissent pas dans leur première phase; elles sont toujours suivies de révolutions qui les complètent. Cela est vrai pour la tyrannie, cela est vrai pour la liberté: nulle des deux ne s'établit d'un premier jet. La tyrannie commencée par César a eu besoin d'être achevée par Auguste. Il y eut entre ces deux tyrannies des révolutions sanglantes. La liberté anglaise, après sa première explosion, attaquée par la tyrannie, s'affermit long-temps après par une révolution plus décisive que la première. Ces grandes leçons sont écrites en lettres de sang; elles sont données par tous les peuples; chaque siècle apporte les siennes: mais les grandes leçons sont toujours perdues. Le siècle passé n'instruit point le siècle à venir. Les passions vivantes sont trop occupées d'elles-mêmes pour étudier les leçons des passions éteintes: elles ne profitent qu'aux grands esprits, qui savent découvrir les choses qui doivent être dans les choses qui ont été; et vous connaissez la mesure de vos ministres, leur vue ne porte pas loin. Tout l'univers pour eux est dans l'enceinte de la cour, leurs regards ne vont point au-delà. Ainsi la Convention voyait la France dans le peuple de ses tribunes.

Tombez d'accord avec moi que, depuis la révolution, la France n'a pas encore eu un ministère composé d'hommes d'une médiocrité aussi fixe. Rien de large, rien de grand, rien de généreux ne sort de cette officine ministérielle; tout y porte l'empreinte de sentiments vulgaires. Agents sans vertus d'un parti sans raison, ils ne sont soigneux que de plaire aux passions qui les environnent.

Ils veulent bien offenser un peuple tout entier, mais ils craindraient de blesser un homme de cour. La paix, la guerre, l'administration au dedans, la politique au dehors, tout se combine et se règle au profit du sacerdoce et de l'aristocratie. La nation est traitée en tributaire de ces deux partis dominants. Ses grandes destinées sont immolées à des intérêts de salons, à des intrigues de sérail. Nous les avons vus dédaigner les plaintes de tout un peuple, et s'empresser à la parole d'une courtisane. Insolents à la chambre, humbles à la cour, tyrans du peuple, esclaves des grands, ils nous font subir les affronts qu'ils essuient, et la France, avilie sous leur joug, rappelle Rome humiliée sous le gouvernement des affranchis.

Je ne puis m'empêcher, lui dis-je, de reconnaître ces vérités sévères; et, me servant de votre langage, je dirai comme vous qu'une grande pensée m'afflige : c'est que les nations deviennent médiocres sous des ministres qui le sont ; peu à peu elles se rabaissent à leur niveau ; par la raison contraire, les nations s'agrandissent sous des ministres qui sont grands. On pourrait faire un tableau instructif des diverses époques où les nations se sont élevées ou abaissées, et l'on verrait que leurs différentes destinées tiennent essentiellement à la différence de leurs ministres. Voyons la France sous les Sully, les Richelieu, les Colbert, les Louvois, les Choiseul; voyons-la sous les Fleury, les Dubois, et aujourd'hui sous les ministres dirigeants. Sage, redoutable, ingénieuse, guerrière, magnifique, voilà ce qu'elle fut sous les premiers. Insignifiante, licencieuse, mesquine, intrigante et vile, voilà ce qu'elle fut et ce qu'elle est sous les derniers. Ces observations seraient applicables à tous les peuples. Les gouvernements font les nations. De grands esprits ont rendu cette observation plus grave et plus affligeante. Quand le gouvernement, ont-ils dit, est entre les mains des méchants, tous les hommes le deviennent.

C'est une pensée, reprit-il, qui sort du fait même. Les Français ont été cruels sous Robespierre, les Romains sous Sylla, les Anglais sous Cromwell. En France, en ce moment, que de royalistes sont des délateurs, parceque les ministres ont fait une vertu de la délation! Il s'y remarque parmi les flatteurs du pouvoir une honteuse émulation de bassesse, de servitude et de persécution, parceque ces mêmes ministres récompensent ce qui est injuste, et honorent ce qui est infâme; bientôt enfin les Français seront une nation d'hypocrites, si le clergé romain parvient à se rendre plus redoutable.

La vie d'un peuple est dans la cime de son gouvernement, comme la vie des arbres est dans leur cime. L'histoire nous montre que souvent toute une nation s'est modelée sur un seul homme. Napoléon eut la passion de la guerre: cette passion entra dans tous les cœurs. Ce n'est donc pas une chose de peu d'importance que le choix des ministres. Quelle considération peut avoir une nation sous des ministres qui n'en ont pas. Nous-mêmes, nous méprisons les peuples dont les gouvernements sont méprisables. Les grands rois ont ordinairement de grands ministres, parcequ'ils choisissent les hommes qui leur ressemblent. Heureuse la nation qui tire son lustre de ceux qui la gouvernent! elle ne peut jamais être en second rang avec des hommes qui sont au premier.

Ce bonheur ou cette gloire, lui dis-je, est toujours de courte durée. Les grands ministres n'ont jamais le temps d'achever leur carrière politique; quand ils ne sont point arrêtés par la mort, ils le sont par la disgrâce. Nul ne conserve la faveur des rois. Le cardinal de Richelieu finit par être odieux à Louis XIII, Louvois à Louis XIV, le duc de Choiseul à Louis XV, et, de nos jours, le noble duc de Richelieu à Louis XVIII.

Ce que vous me dites est vrai, répliqua-t-il; les ministres déplaisent aux rois par leurs vices ou par leurs vertus. Le remède à ces apparentes adversités est de se montrer plus grands que les rois, et d'accepter noblement leurs dédains. Le bonheur des hommes peut être au pouvoir des rois, mais non pas leur gloire. Les grands ministres doivent élever leur colonne au milieu de leur nation, et non point l'établir sur le marbre glissant des cours. Ils sont suffisamment vengés par la reconnaissance et le respect des peuples, qu'un pouvoir capricieux n'a pu ravir au duc de Choiseul, ni au duc de Richelieu. Les grands hommes n'appartiennent point aux rois, mais aux nations, dont ils sont l'ornement et la force. Napoléon connaissait bien toute l'importance des hommes. Le lord Cornwallis lui avait donné la plus haute idée de la nation anglaise. *Il ne faut*, disait-il, *que cinq ou six hommes de cette trempe pour faire la fortune morale de tout un peuple.* Cette pensée profonde est pleine de force et de vérité. Jugez d'après cela de la fortune morale de la nation française représentée par ses ministres; tel est l'avantage de la superbe

Angleterre. Riche en hommes supérieurs, tous ceux qui la représentent chez elle et dans l'Europe sont en général remarquables par l'étendue de leur savoir et l'élévation de leurs sentiments; aussi sa considération est immense dans l'univers : elle ennoblit sa puissance, et jamais l'Angleterre ne descendra de sa hauteur, quoi qu'il lui arrive, tant qu'elle sera brillante et forte de tant de génie et de grandeur d'âme. Et nous, quels sont les hommes qui sont notre gloire au dedans et au dehors? Qui avons-nous à montrer à l'Europe qui nous mesure? Que pensez-vous qu'elle dise, en contemplant les tristes dépositaires de notre renommée et de nos destins? *Eh quoi! ce vaste sol de la France ne produit-il que des arbres nains? Cette grande terre est-elle frappée de stérilité?* Combien notre orgueil national a reçu de vives blessures depuis quelques années ! Faut-il que cette France, capable de toutes les supériorités, soit un objet d'étonnement pour l'Europe, et de raillerie pour cette orgueilleuse Angleterre, qui s'élève au-dessus d'elle comme les montagnes s'élèvent au-dessus du niveau des mers !

J'espère, lui dis-je, que vous ne vous contenterez pas de m'étaler la puissance et les grandeurs de l'Angleterre, et que vous voudrez bien aussi m'en découvrir les causes : leur développement ne peut être étranger à notre sujet, et nous pouvons, comme peuple, y puiser d'importantes leçons.

Je laisserai à d'autres, répondit-il, le soin de calculer tous les moyens de prospérité de ce grand peuple. Je ne considère point le cours, mais la naissance de son génie. Ses progrès et ses succès ne sont que des conséquences. Les canaux sont bientôt ouverts de toutes parts, quand la source est trouvée. Ce n'était point merveille que Minerve répandît la sagesse dans le monde, mais il fallait qu'elle sortît du cerveau de Jupiter.

Lorsque l'Angleterre, comme la France, subissait le joug de la cour de Rome, elle ne s'élevait point au-dessus des autres nations. Elle n'était que leur égale. La tyrannie ultramontaine attachait au même niveau tous les peuples ensevelis dans les mêmes ténèbres. Mais quand, par un sublime effort, elle se fut échappée de la main de ses prêtres; quand elle eut épuré son sol de superstitions et de préjugés, ces chaînes de l'âme et du génie; quand elle eut ôté à la religion chrétienne tous les vêtements du paganisme, et que sur les ruines des temples romains elle eut élevé un autel à la liberté, qui est la gloire de l'homme, elle s'élança à cette hauteur d'où elle domine aujourd'hui tous les peuples du monde. Si, comme les autres nations catholiques, elle fût restée à genoux sous le dais pontifical, au lieu de remplir l'univers de sa gloire nationale, elle n'eût eu à montrer pour toute gloire que la splendeur de son clergé. C'est à quoi se réduit la majesté de l'Espagne et de l'Italie.

Ne voyez-vous pas en quel degré d'abaissement, de servitude et de misère sont aujourd'hui tombées ces belles contrées autrefois si florissantes, si fécondes, si éclairées, et qui ont devancé les autres peuples et nous-mêmes? Tels sont les dignes fruits des gouvernements théocratiques. Telles sont les merveilles des prêtres romains. Ils sèment la cendre et le sel sur la terre la plus fertile; ils la dessèchent comme le cœur et l'esprit de l'homme. Le tableau en est sous vos yeux. Voyez et jugez.

Donnons à cette démonstration l'appui de l'expérience la plus moderne et la plus éclatante.

Considérez quel a été le développement du génie de la France, quand la religion, rappelée à elle-même, cessa d'y être un pouvoir politique. Dans un élan si rapide et si court, quelle immense force morale cette France a déployée! Elle a agrandi toutes les carrières; elle a reculé toutes les bornes. Son génie sans entraves, perfectionnant les arts, étendant les sciences, créant une nouvelle industrie, découvrant des sources ignorées de richesses et de prospérité publique, a montré tout ce dont est capable le génie échappé de ses fers. Aujourd'hui elle s'arrête, ou plutôt on l'arrête. Son flambeau pâlit, et le souffle de Rome est prêt à l'éteindre.

Mais, me dit mon grave ami, cette matière est trop vaste pour la traiter sommairement. Nous y reviendrons dans nos autres entretiens, et je vous ferai voir la vanité de nos hommes d'état, qui veulent nous appliquer les mœurs et les formes politiques de l'Angleterre, et nous comparer un peuple libre et fier, qui se met hors de toute comparaison, avec une nation qui rentre dans ses fers, et se courbe de nouveau sous le double joug de l'aristocratie privilégiée et de la tyrannie ultramontaine.

C'est ici, monsieur, que notre entretien se termina. Je lui fis mes remerciements de m'ouvrir si complaisamment les trésors de sa science, et je crois que vous me devez les vôtres de vous y faire participer. Cet entretien est à peine fini, et déjà j'en désire un autre. Vous aurez sans doute le même désir.

J'ai l'honneur d'être, monsieur, etc., etc.

SECONDE RÉPONSE

AUX LETTRES PRÉCÉDENTES.

De....., octobre 1824.

MONSIEUR,

Le silence que j'ai observé depuis quelque temps est le silence de la réflexion. En voyant verser tant de lumières sur cette époque de révolutions, il s'en est fait une dans mes idées. Je les ai dégagées des préjugés communs qui obscurcissent l'esprit de province, et j'ai commencé à me former un jugement indépendant des influences qui m'environnent. C'est déjà un assez beau triomphe de la raison, de vouloir agir seule dans ses jugements sur les choses et sur les hommes, et de s'affranchir des affections et des haines qui la font errer si souvent.

Je range dans mon esprit, avec toute la méthode dont je suis capable, les pensées de votre royaliste et de votre libéral ; j'étudie dans leurs opinions le cœur et l'esprit de ces deux antagonistes, et, selon mon discernement, je crois les mieux juger qu'on ne le fait communément dans le monde.

Le nom de libéral, monsieur, fait une étrange impression dans nos provinces. On s'imagine qu'un libéral est un effréné qui a une hache dans une main, et une torche dans l'autre, pour détruire et pour incendier. Nos royalistes nous en font ce portrait. Votre libéral, monsieur, n'est point de ces furieux, dont le nombre d'ailleurs est si borné. C'est un philosophe politique qui parle avec respect de nos rois ; qui ne désire pas moins leur gloire que le bonheur des peuples ; qui voudrait, il est vrai, voir la monarchie dégagée de tous les faux brillants qui l'environnent, et des abus qui peuvent la faire haïr, comme il voudrait voir la religion dégagée de toutes les impostures qui la souillent, et des masques qui la couvrent. Ce libéral me semble être un fort honnête homme, et nous avons des nations entières qui sont composées de libéraux de cette espèce. Ce serait une grande iniquité de le confondre avec les factieux qui veulent bouleverser l'état, s'il en est en effet qui ont ces desseins criminels; car, malgré les clameurs des royalistes, je suis tenté de les prendre pour des êtres fantastiques.

Votre libéral me semble avoir un amour raisonnable pour les principes monarchiques, comme il a une haine non moins raisonnable pour les abus aristocratiques ; mais je vois que vos royalistes lui tiennent bien moins compte de son respect pour nos rois que de sa haine pour l'aristocratie privilégiée, et qu'ils ont leur dessein, en confondant sous un titre proscrit tout ce qui fait obstacle à leur ambition. C'est ainsi qu'autrefois les catholiques imprimaient le nom d'hérétiques à tous ceux qui voulaient une réforme dans l'église. La main qui veut porter atteinte à des abus consacrés est toujours une main sacrilége. Les libéraux qui ressemblent au vôtre sont en effet bien dangereux pour les royalistes, et je crois qu'ils leur sont plus odieux que leurs autres ennemis, comme aux catholiques les protestants sont plus odieux que les musulmans.

Votre libéral l'est dans la vieille acception du mot, et avec la même signification que le roi lui a donnée dans la charte de France; on peut également en faire le titre de la constitution anglaise. Votre libéral, s'il m'entendait, dirait ici que les Anglais ont la chose, et que nous avons le mot. Enfin, monsieur, votre libéral me paraît un ami d'une monarchie juste et sage, et votre royaliste me paraît un champion d'une aristocratie sans frein.

En descendant dans le fond des cœurs, je crois avoir découvert que l'orgueil domine dans les sentiments des libéraux et des royalistes; mais il n'est pas de même nature. Le royaliste a l'orgueil qui offense et qui humilie; le libéral a l'orgueil qui ne veut être ni offensé ni humilié. Leur nature est donc bien différente. Dans l'un, c'est lâcheté; dans l'autre, c'est dignité. Le royaliste veut que ce soit l'homme qui soit puissant, le libéral veut que ce soit la loi. L'un veut être maître, l'autre ne veut pas être esclave. Le royaliste veut que le nom soit un droit, le libéral veut que ce soit le mérite. L'un plaide la cause de quelques familles, l'autre défend celle de la société. Enfin, monsieur, l'amour du royaliste pour les rois me paraît si personnel et si intéressé, que je ne le crois pas aussi pur que l'amour du libéral, qui n'exprime aucun intérêt personnel, et se confond seulement dans l'intérêt général.

Mais peut-être direz-vous que je le prends sur un ton bien haut pour un homme qui commence son cours de politique; que mon jugement est bien téméraire de se porter si promptement sur des hommes aussi considérables que vos deux amis, et qu'avant d'avoir une opinion arrêtée sur ces deux partisans, il serait prudent et juste de les entendre jusqu'au bout.

J'en conviens, monsieur, mais j'ai impatience de vous prouver que les peines que vous prenez de m'instruire ne sont point inutiles, et j'ai de plus la vanité de vous montrer combien je me suis formé aux éloquents discours de vos grands personnages. Aussi ma lettre, qui ne devrait être pleine que de remerciements, ne le sera que de raisonnements. Vous avez fait de moi un raisonneur; il faut jouir ou gémir de votre ouvrage.

J'avais fait autrefois des observations qui me servent bien aujourd'hui. Je n'étais pas tellement dépourvu de bon sens politique, que je ne me fusse très bien aperçu que l'aristocratie n'est attachée à nos rois qu'autant qu'elle reçoit d'eux toutes les prééminences de l'état. Vous vous souvenez que dans les premières années de la restauration, l'aristocratie ne voyant pas le roi disposé à lui rendre toutes ses prérogatives, remplissait la France de ses murmures et de ses outrages, et qu'emportée par sa passion, elle témoignait imprudemment sa haine contre un roi qu'elle accusait alors de négliger les intérêts de son orgueil. Elle avait honte de partager avec les autres Français les avantages de l'état. J'ai remarqué que l'égalité des droits la blesse mortellement; elle ne veut pas que le soleil luise pour tous les hommes. Aujourd'hui ses plaintes ont cessé. L'aristocratie est plus respectueuse; votre ministère paraît l'avoir réconciliée avec nos rois, qui permettent enfin qu'elle ne soit plus confondue avec les citoyens. Le trône ne s'appuyant plus sur le peuple, mais sur elle, le pouvoir étant rentré dans ses mains, comblée de grâces, de distinctions et de richesses, elle a mis fin à ses clameurs injurieuses contre nos rois; mais nous en avons assez vu et assez entendu pour connaître la nature de son amour et de son dévouement.

Ces clameurs, monsieur, se sont changées en acclamations dans nos provinces. La joie de l'aristocratie est la seule chose qui y fasse du bruit. Ce n'est qu'un murmure de louanges et de félicitations pour ses bienfaiteurs; ce ne sont que *Te Deum* chantés en l'honneur du ministère vainqueur des citoyens. Les citoyens vaincus se taisent, et que diraient-ils ? ils ne peuvent se plaindre innocemment. Les vaincus sont toujours coupables, et les vainqueurs sont toujours justes. S'ils parlaient de droits et de liberté, on leur répondrait qu'ils ont le droit et la liberté de se mouvoir en silence sur la surface du sol dont les hauteurs sont occupées par leurs maîtres.

Un silence morne règne donc dans nos provinces, et il n'est interrompu que si, par un hasard favorable, un prince généreux vient à les traverser. En sa présence, les cœurs fermés se rouvrent; les voix étouffées éclatent. On dit que les droits des hommes sont en dépôt dans son cœur; qu'il les y conserve, qu'il les défendra; qu'il relèvera la dignité des citoyens; qu'il sera le glaive des opprimés contre les oppresseurs: on le dit, et ce qui le ferait croire, c'est qu'il porte ombrage au parti qui triomphe, que l'encens qu'on lui offre n'est point allumé par ses mains, et que ses paroles consolantes pour les vaincus sont affligeantes pour les vainqueurs.

Puisque ce prince est tombé dans notre entretien, je vous en dirai davantage. Il y a des choses que vous ignorez, monsieur, et qui sont bien dignes d'être au nombre de celles que vous savez. Les choses remarquables ne sont pas toutes de Paris; en voici une de nos provinces que je vous laisse apprécier.

Il y a deux ans, ce prince voyageant s'arrêta dans un de nos départements. Il connaissait et il aimait son premier magistrat. Dans une conversation libre et intime, il l'interrogea sur la situation actuelle de la société. Entre autres questions qu'il lui fit, il lui demanda quel était le langage et la conduite des nobles et des émigrés, et s'ils ne se refusaient pas à l'union qu'il désirait tant de voir entre les citoyens. « Monseigneur, lui dit le magistrat, le rapproche-

» ment des hommes est impossible. Les dé-
» marcations sont plus prononcées que jamais,
» et dans mes jours de réception, vous verriez
» chez moi un salon pour les nobles, un salon
» pour les négociants, et de plus un salon
» pour les fonctionnaires publics. Cette divi-
» sion s'opère d'elle-même, sans que je le
» puisse empêcher. » *Que cela est déplorable !* dit le prince. Et le magistrat l'instruisant des prétentions outrées de la noblesse et de l'émigration, *Où donc est la justice de ces prétentions ?* reprit le prince. *De quel droit sont-ils si exigeants ? N'avaient-ils pas renoncé à nous ? Quand nous sommes rentrés en France, ne les avons-nous pas trouvés tous à la cour de Napoléon, ou dans son gouvernement ? Que leur devons-nous tant ?* Telles sont, monsieur, les paroles de ce prince ; je vous les révèle ; je vous les rends

si fidèlement que vous pouvez dire les avoir entendues.

Vous n'accuserez pas, je crois, ma correspondance d'être vide et sans substance. Vous ne me mandez rien de Paris de plus grave et de plus lumineux que cette réflexion du prince; elle n'a pu être faite que par un esprit qui s'arrête à ce qui est vrai et juste. Ce n'est pas que ce prince voulût faire un reproche aux hommes de ce parti d'avoir cédé à la force des choses. Non, monsieur; il y aurait absence de justice et de générosité de reprocher aux hommes d'être moins forts que les destins. Quelque rigueur qu'on impose au devoir, on ne peut exiger qu'il aille au-delà du possible. On ne peut demander de vertu divine à la nature humaine. Quand les évènements sont plus forts que les résistances, la fidélité la plus obstinée peut céder sans honte et sans remords; à Dieu ne plaise que cette injustice entre dans votre cœur et le mien ! Vous voyez, monsieur, que je les absous généreusement de leur infidélité, et que je les justifie des hommages qu'ils ont rendus au colosse qui a reçu ceux des rois mêmes ; mais ce qui est révoltant, mais ce qui est impardonnable, c'est d'exiger de nos rois les récompenses de la vertu inflexible; c'est d'oser envahir tout ensemble les profits de l'infidélité et les honneurs de la fidélité.

Vous ne m'avez point dit, monsieur, si votre royaliste avait fléchi comme les autres sous l'inévitable empire des nécessités, et si, après avoir abandonné Sion, il n'avait point aussi adoré les dieux de l'Égypte. A le voir si ardent, si absolu et si intolérant, je serais tenté de le croire. Celui qui a le plus besoin d'indulgence est assez souvent sans pitié, ceux qui se font si aisément grâce ne la font à personne. La vertu amère et sauvage m'est toujours suspecte, ou plutôt ce n'est qu'un nom qui orne une passion; car la vraie vertu est modeste, humaine et bienveillante. C'est la férocité romaine elle-même qui lui a donné ce caractère: *Non est inhumana virtus, neque immanis, neque superba*; mais le royalisme, monsieur, est devenu une vertu superbe et cruelle; et si on le réprouvait, ne serait-on pas justifié par ces autres paroles qui sont encore de l'ancienne Rome: *Non sunt isti audiendi qui virtutem duram et quasi ferream esse volunt.* Oui, monsieur, ceux qui ont fait du royalisme une vertu impitoyable l'exposent à l'indignation des hommes. Il y a deux espèces de royalistes, ceux qui font aimer la monarchie, et ceux qui la font haïr ; vos ministres sont de ces derniers. L'amour était dans tous les cœurs ; ils l'ont étouffé, et l'ont remplacé par la défiance et la terreur : voilà du moins ce que je vois autour de moi. J'ignore ce qui se passe dans les autres provinces. Je vous fais le tableau de la mienne ; mais je pense que tous les cœurs des hommes ont un sentiment harmonique, que la justice et la bonté les attirent, et que la violence et l'iniquité les repoussent; comme je pense qu'il n'y a qu'une manière d'être juste, et que l'homme qui l'est véritablement a en égale abomination toute iniquité, qu'elle soit démocratique, sacerdotale, impériale ou royale.

Ne vous semble-t-il pas que les plus solides bases d'une belle et noble monarchie sont dans les cœurs des citoyens ; et en effet, monsieur, où sont les résistances, quand les cœurs sont rendus ; et en même temps, quoi de plus facile que d'obtenir l'amour des hommes ! Quel homme est assez dépravé pour haïr un gouvernement juste et bienfaisant ? Quel monstre se révolte contre une autorité sage et protectrice. Cet espoir de justice et de bonheur qui a devancé le retour de nos rois, qui a si puissamment aidé à leur restauration, a été détruit par les œuvres de vos ministres. Sans doute ceux qui ne savent pas gouverner en gagnant les cœurs peuvent gouverner en les comprimant ; mais ce système de menaces et de contrainte ne peut appartenir qu'à des hommes qui n'ont ni assez de bonté pour se faire aimer, ni assez de vertus pour se faire estimer : il peut convenir à des ministres qui s'occupent de leur bonheur, au mépris de celui des hommes, mais non à un roi, qui doit trouver le sien dans la félicité des peuples.

Je ne puis m'empêcher de le dire, monsieur, le gouvernement et la religion sont tombés dans le même abîme; ils sont corrompus par leurs ministres. L'Évangile et la charte, frauduleusement interprétés, ne sont que des cadres où l'on fait entrer toutes les subtilités de l'ambition et de la perfidie. On met du poison dans des vases sacrés. Si quelque citoyen animé d'une vertu courageuse redemande leur pureté primitive au milieu de ces hommes impurs, il est déclaré athée par les prêtres, factieux par vos ministres, ou, si vous l'aimez mieux, philosophe et libéral: mêmes noms pour le même crime.

Mais n'allez-vous pas me dire, monsieur, qu'en voulant régenter les ministres, j'ai mérité moi-même d'être régenté par vous, pour trancher si hardiment dans des matières aussi profondes, où j'ai à peine l'initiation? Je cours moi-même au-devant de la réprimande. Pardonnez-moi cette excursion dans un domaine qui vous appartient à meilleur titre qu'à moi; mon esprit est si plein qu'il se répand. Vous m'avez envoyé de quoi meubler toutes les têtes vides de nos provinces; vous m'envoyez la lumière par faisceau. Je vais maintenant, monsieur, rentrer dans mon silence, et donner toute mon application aux entretiens de vos deux amis. Je pèse toutes leurs paroles avec le poids qui pèse l'or. J'ai remarqué qu'il n'est point encore sorti de la bouche de votre ami le royaliste une seule parole consolante pour l'humanité; mais j'espère qu'il voudra bien la prendre en considération dans les conversations suivantes. Agréez ma vive reconnaissance.

Je suis, monsieur, etc. etc.

www.ingramcontent.com/pod-product-compliance
Ingram Content Group UK Ltd.
Pitfield, Milton Keynes, MK11 3LW, UK
UKHW012210240726
13966UKWH00002B/686

9 782011 780690